뻔뻔한 과학책

뻔 해서 다 안다고 착각할 뻔한 우리 몸과 의학

이억주 글
뽐작가 그림

와이즈만 BOOKs

머리말

바로 잡을수록 더 재밌어지는 과학!

저는 어릴 때 과학을 좋아하고 잘하는 아이였어요. 과학책을 읽는 것도 좋아했고, 과학 실험을 하면서는 과학자가 되고 싶다고 생각했죠. 조금씩 지식을 쌓아 가면서 피가 심장에서 만들어진다고 굳게 믿었고, 로켓이 발사될 때 땅이 밀어 주는 반작용으로 날아가는 줄 알았어요.

대학에서도 과학을 전공했고, 과학자 대신 어린이 과학 잡지 기자가 되었어요. 기자가 되어 글을 쓰다가 문득 내가 여태까지 잘못 알고 있었다는 것을 깨닫게 되었어요. 피는 심장이 아닌 뼛속에서 만들어지는 것이고, 로켓의 반작용은 땅이 아니라 공기 때문이었어요.

머리가 '띵~' 해지는 충격을 받았죠. 그래서 그때부터 나뿐만 아니라 주변 사람들이 잘못 알고 있는 지식을 조사하기 시작했어요. 이렇게 해서 나온 책이 『뻔뻔한 과학책』이에요.

　너무 뻔해서 다 알고 있다고 생각해도 알고 보면 모르는 것들이 많아요. 이런 생각은 나이가 들어서도 쉽게 바뀌지 않아서 평생 잘못 알고 살아갈 수도 있어요. 잘못 아는 건 결코 창피한 게 아니에요. 이 책을 통해 바로 잡으면 되니까요. 그 과정에서 재미도 느낄 수 있어요.

　이 책을 읽다 보면 여러분도 '나도 잘못 알고 있었네! 시험에 나왔다면 틀릴 뻔했어.'라고 생각하는 이야기가 있을 거예요. 이 책을 읽고 나서는 '앞으로는 틀리지 않겠네!'라는 생각이 들면 좋겠어요.

　새로운 지식을 쌓아 가는 것도 즐거운 일이지만, 오랫동안 잘못 알고 있었던 지식을 바로잡는 것은 더 큰 즐거움이거든요. 잘못 알고 있는 지식이 있다면 이 책을 통해 바로잡아 보세요. 친구들, 가족들과 함께 각자 의견을 내면서 보는 것도 재미있을 거예요.

주인공을 소개할게

정리해

안녕! 난 리해야, 정리해! 주변에서 똑똑하고 진지하다는 소리를 많이 듣고 있어. 특히 친구나 가족들이 잘못 알고 있는 것을 바로잡아 줄 때 즐거움을 느껴. 그런데 내 형인 리완이 형을 뛰어넘지는 못해. 나도 아주 가끔 잘못 알고 있는 것을 형에게 말했다가 창피당한 적이 있거든.

정리완

리해가 말한 형이 바로 나야! 처음부터 제대로 공부하면 잘못 알고 있을 리가 없잖아. 그래도 잘못 알고 있는 것이 있다면 내가 제대로 알려 줄게.

리해 엄마, 아빠

남들은 아들 둘 키우기 어렵다고 하지만, 우리 애들은 공부도 잘하고 친구도 많아서 신경 쓸 일이 없어. 오히려 우리가 몰랐던 걸 아이들에게 배울 정도야. 그래도 리완이와 리해가 지식 앞에서는 조금 겸손할 줄 아는 사람이 되었으면 해.

과학쌤

아이들의 과학 지식과 과학 실험을 책임지고 있는 과학 쌤이야. 나도 한때 과학에 대해 모르는 게 없었는데……. 리해와 무지가 이상한 걸 물어보면 공부를 다시 해야 하나 하는 생각이 들 정도야.

도무지

안녕! 난 무지야, 도무지! 이름이 왜 그러냐고? 이름처럼 내 지식의 끝을 도무지 알 수 없다는 뜻이야. 어떤 때는 무지하기도 하지만, 헤헤! 내 친구 리해와는 다르게, 나는 똑똑하고 겸손하다는 소리를 많이 듣고 있어. 잘못 알고 있는 것이 많은 건 내 지식이 넓기 때문 아닐까?

도도희

무지 누나 도희야! 나도 똑똑한 거로는 지고 싶지 않아! 하지만 세상은 지식만으로는 살 수 없지. 사람들과의 관계도 중요해. 그런 면에서 리해 형인 리완 오빠를 좋아하는 거야. 뭐, 다른 뜻은 없어!

무지 엄마, 아빠

공부도 중요하지만 건강도 중요해. 우리 애들이 욕심내지 말고 과학 지식을 정확하게 아는 데 신경 썼으면 좋겠어. 사실 엄마 아빠는 친구들끼리 사이좋게 지내는 게 더 좋아. 특히 리해, 리완이와!

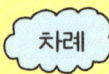 차례

작가의 말 　　　　　　　　　　　　4
주인공을 소개할게 　　　　　　　　6

소리 없는 **방귀**가 더 독하다고?　　　10

머리가 클수록 공부를 잘한다고?　　　18

동물의 **피**는 다 빨갛다고?　　　24

키는 100퍼센트 유전이라고?　　　30

피는 심장에서 만들어진다고?　　　36

똥, 오줌 둘 다 누는 거 맞잖아!　　　42

난 **A형**이라 소심하다고!　　　50

손톱 발톱은 뼈 아냐?　　　56

안 닮은 **쌍둥이**가 어딨어?　　　62

피는 빨간데 **혈관**은 왜 파랗지?　　　68

심한 감기가 **독감**이지 뭐!	74
최면은 다 가짜라고!	80
충치는 이가 썩은 거야!	86
소음에 무슨 색깔이 있어?	92
바늘 없는 **주사**가 어딨어?	98
상처엔 침부터 바른다고?	104
감칠**맛**이 도대체 어떤 맛이냐고?	110
색맹이면 색깔을 볼 수 없어!	116
몸속이 아프면 **내과**, 밖이 아프면 **외과**?	122
하품이 전염된다니 말도 안 돼!	128

소리 없는 방귀가 더 독하다고?

방귀 소리가 나는 이유

 입에 음식을 넣고 씹어 삼키면 주변의 공기도 함께 위장까지 가요. 위장에서는 음식물이 위액, 공기와 섞여 소화되면서 또 다른 기체가 생겨요. 이 기체가 입으로 나오면 트림이 되고 작은창자와 큰창자를 거쳐 항문으로 나오면 **방귀**가 되지요.

 트림은 입을 크게 벌려 소리가 나지 않게 할 수도 있어요. 하지만 방귀는 좁은 항문을 통과하면서 항문 근육을 떨게 하고, 항문 주변의 공기가 떨려 소리가 나는 거예요.

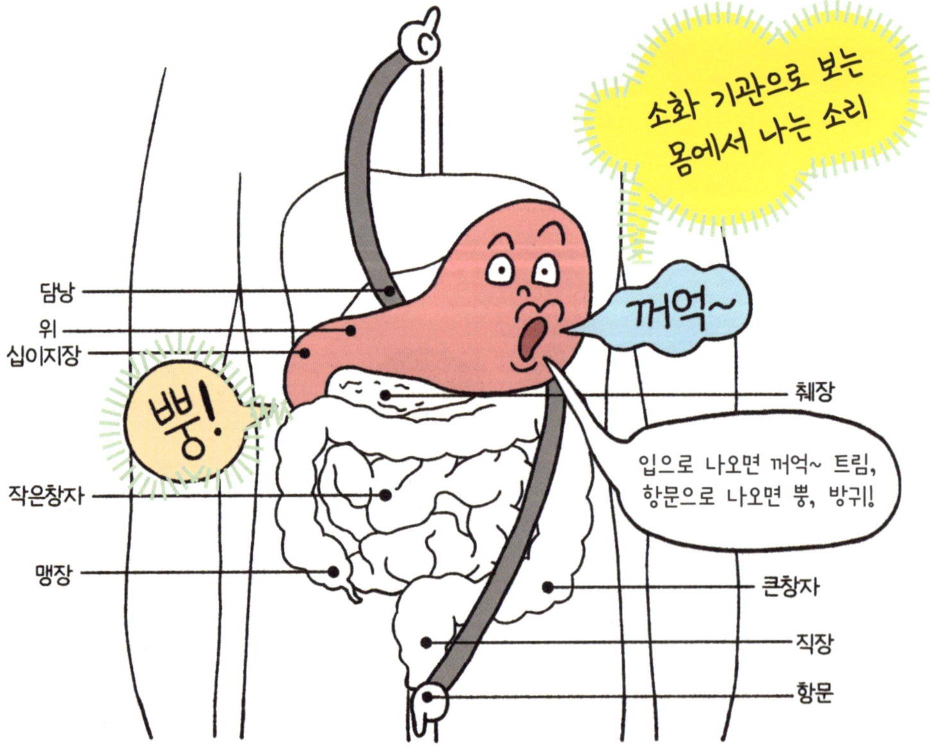

소화 기관으로 보는 몸에서 나는 소리

꺼억~

뿡!

입으로 나오면 꺼억~ 트림, 항문으로 나오면 뿡, 방귀!

담낭 · 위 · 십이지장 · 작은창자 · 맹장 · 췌장 · 큰창자 · 직장 · 항문

방귀 냄새는 왜 날까?

내 방귀는 냄새가 안 났는데……. 리해 이 녀석이 범인 아냐?

　음식물에서 우리 몸에 필요한 영양분을 흡수하고 남은 찌꺼기는 작은창자와 큰창자를 거치면서 똥이 되지요. 똥은 큰창자에 모여 있던 찌꺼기가 항문을 통해 배출되는 것이랍니다.
　이때 위 속에서 생긴 여러 가지 **기체**가 똥이 쌓여 있는 큰창자를 통해 **항문**으로 나오면서 **방귀**가 되지요.
　똥이 오래 쌓여 있었거나 항문과 가까운 곳에 있을 때 나오는 방귀는 똥의 냄새와 섞여 너 고약한 냄새가 나요.

소리가 작을수록 냄새가 독할까?

방귀 소리는 항문을 통해 나오는 기체의 양이 많거나 기체를 밀어내는 힘이 크면 항문 근육의 떨림이 커져 소리도 커져요. 밀어내는 힘이 적으면 소리도 작아지고요.

방귀 냄새는 소화 과정에서 생기는 여러 가지 물질 때문에 생겨요. 분해될 때 위 속에 있는 여러 가지 기체와 결합하면서 냄새가 나요. 특히 단백질이 많고 기름진 고기류를 많이 먹으면 냄새가 더 심해지지요.

방귀 성분 중 암모니아와 황화수소가 있어요. 이 성분은 달걀이 썩을 때 나는 냄새와 같은 성분으로 방귀 냄새의 주범이기도 해요. 이때 나는 냄새는 소리의 크기와는 관련이 없답니다.

우리 몸에서는 여러 가지 소리가 나는데 그중 방귀는 냄새가 나기 때문에 주변 사람이나 자신도 괴로울 때가 있어요. 방귀는 똥이 가까이 있는 항문을 통해 나오는 것이어서 냄새가 더 독할 수 있지요. 그렇다고 방귀 소리를 작게 뀐다고 해서 냄새를 해결할 수 있는 것은 아니에요. 방귀 냄새가 고민이라면 소화될 때 심한 냄새가 나는 음식을 삼가고, 위에 질병이나 염증이 생기지 않도록 조심하는 평소 습관이 중요하지요.

방귀 **참아도 될까?**

여러 사람이 있는 곳이나 냄새 때문에 방귀를 무리해서 참는다면 다음의 증상이 생겨요. 첫째는 대장 속에 기체가 쌓이게 돼요. 둘째는 오래된 기체가 쌓이면 방귀 냄새가 더 심해질 수 있어요. 셋째는 항문 근육에 무리한 힘을 주게 되지요.

그러면 어떤 문제가 생길까요? 장 속에 해로운 기체가 오랫동안 쌓이면 아랫배가 불러오고 변비가 생길 수 있어요. 또 불쾌한 기분이 들고, 방귀를 참다가 한다는 생각에 긴장을 많이 하게 되지요. 그러다가 한꺼번에 많은 기체를 내보내려면 항문에 이상이 생기거나, 방귀와 함께 대변이 나올 수도 있어요.

그래서 방귀는 무리해서 참지 말고 적절하게 **배출**해야 해요.

방귀 냄새 안 나는 속옷?

해마다 노벨상을 흉내 내어 웃기고 황당하면서도 기발한 연구를 한 사람에게 '이그노벨상'을 수여해요. 2001년, 이그노벨 생물학상은 '방귀 냄새 안 나는 속옷'을 개발한 미국의 심리학자이자 발명가인 벅 웨이머에게 돌아갔어요.

웨이머의 아내는 염증성 장 질환을 앓고 있었는데, 증상이 심해지자 방귀 냄새까지 지독했어요. 웨이머는 아내를 위해 방귀 냄새를 없애 주는 속옷을 발명했어요. 이 속옷은 허리와 다리 부분에 신축성 있는 소재를 써서 완전히 밀폐시키고, 엉덩이 부분에는 환기 구멍이 있는 주머니를 달았지요. 주머니에 숯으로 된 **필터**를 넣어 방귀 냄새를 걸러 내는 거예요.

그렇다면 나는 소리까지 없애는 속옷을 발명할 테야!

머리가 클수록 공부를 잘한다고?

머리 크기와 지능의 관계

지구상에 살았던 인류의 뇌 크기는 화석을 통해 밝혀졌어요. 200만 년 전까지 살았던 오스트랄로피테쿠스의 뇌 크기는 약 500시시였고, 4만 년 전까지 살았던 네안데르탈인의 뇌 크기는 약 1,600시시였다고 해요. 네안데르탈인은 지금 우리 인간의 뇌 크기인 1,400시시보다도 더 큰 뇌를 가지고 있었어요. 하지만 네안데르탈인은 현생 인류에게 밀려 멸종되고 말았지요.

뇌의 크기가 크거나 무게가 더 무거우면 지능이 높은 걸까요? 알베르트 아인슈타인은 상대성 이론을 발표하여 세상을 보는 시각을 송두리째 바꾼 천재 과학자로 알려져 있어요. 그래서 사람들은 아인슈타인의 뇌가 큰지 궁금해했죠.

아인슈타인이 사망한 후 해부해 본 결과, 뇌 크기는 1,200시시로 일반 사람보다 오히려 조금 작은 편이었어요. 그런데 양쪽 두정엽이 발달하여 일반 사람보다 15% 정도 넓었다고 해요. 두정엽은 대뇌의 꼭대기 부분인데 수학적 사고력과 시공간 인지 능력과 관련이 있어요. 아인슈타인의 뇌는 대칭이면서 넓게 발달해 있었어요. 그리고 왼쪽 해마의 신경 세포의 크기가 컸는데, 이 부분은 학습과 기억을 담당하는 영역이에요.

또 아인슈타인의 뇌는 전두엽과 후두엽의 여러 영역이 주름

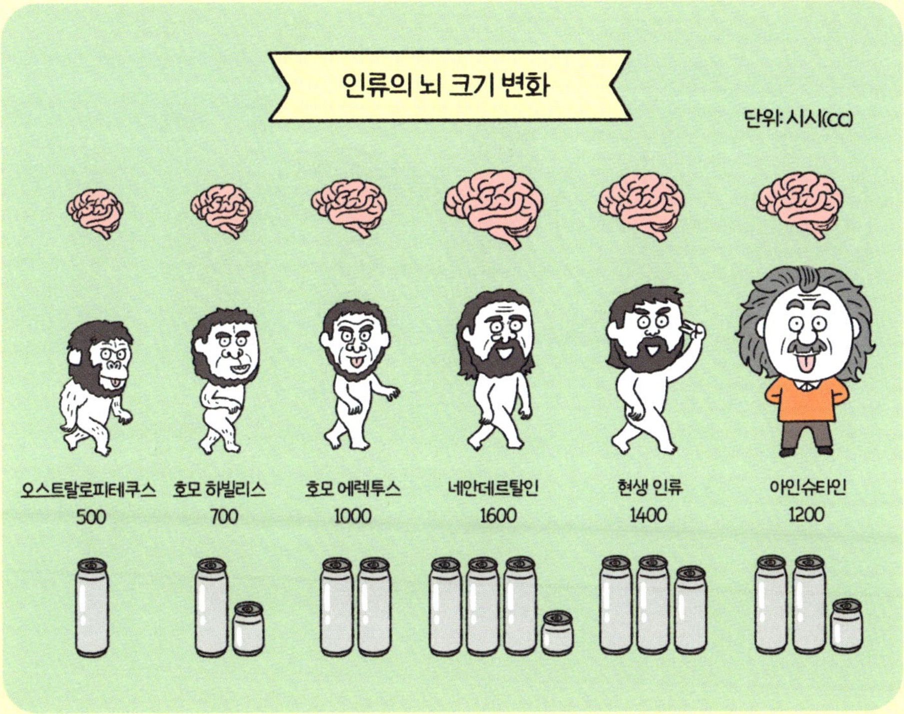

인류의 뇌 크기 변화
단위: 시시(cc)

오스트랄로피테쿠스	호모 하빌리스	호모 에렉투스	네안데르탈인	현생 인류	아인슈타인
500	700	1000	1600	1400	1200

이 많고 굴곡이 복잡했어요. 이런 것들은 뇌의 크기가 지능을 높이는 것이 아니라 **두정엽의 넓이**와 **뇌의 주름**이 더 중요하다는 것을 알려 준답니다.

아인슈타인은 어려서부터 자연 현상에 호기심을 가지고 생각하고 또 생각하는 습관이 있었기 때문에 복잡하고 정교한 사고를 담당하는 부분이 발달했던 거예요.

그래서 아인슈타인은 머릿속에서 생각만으로 진행하는 실험인 '사고 실험'으로 상대성 이론을 만들 수 있었어요.

 따라서 머리와 뇌의 크기가 커서 지능이 좋은 것이 아니라 뇌 속에 담겨 있는 신경 세포와 주름의 상태에 따라 지능이 달라진다고 할 수 있어요. 또 지능에 영향을 미치는 것은 뉴런을 이루는 기본 신경 세포를 얼마나 잘 활용하느냐예요. 아인슈타인은 특정 영역 신경 세포를 잘 활용했기 때문에 천재 과학자가 되었답니다.

노력이 **지능**을 넘을 수 있을까?

타고난 천재도 있지만 노력으로 천재가 되는 사람도 많아요. 음악의 신동이라고 알려진 모차르트도 제대로 된 작곡은 15살 때나 했고, 과학 신동이라고 알려진 아인슈타인도 평범한 학생이었다고 해요. 하지만 모차르트에게는 음악가인 아버지가 있었고, 아인슈타인에게는 뛰어난 집중력이 있었어요.

음악 교사 역할을 한 모차르트의 아버지는 아들의 음악적 지능과 재능을 키워 주기 위해 열성적으로 노력했고, 덕분에 모차르트는 스스로 작곡할 수 있는 용기를 얻었지요. 아인슈타인의 집중력은 자연 현상의 비밀을 알아내기 위해 도전과 실패를 거듭하면서도 끝까지 탐구하는 정신을 기르는 데 도움이 되었답니다.

지능은 머리나 뇌 크기에 따라 달라지는 것은 아니지만, 유전적 그리고 환경적 요인 등 여러 가지 요인에 따라 발달 정도가 달라질 수 있어요. 유전적인 요인은 부모로부터 물려받은 것으로 선천적인 요인이니 어떻게 할 수 있는 것은 아니에요. 하지만 **환경**적인 요인은 **노력**으로 얼마든지 바꿀 수 있어요.

동물의 피는 다 빨갛다고?

시험

동물의 혈액에 관한 설명 중 잘못된 것은?

① 사람의 피가 붉은색인 것은 철 성분 때문이다.
② 피가 붉지 않은 동물도 있다.
③ 오징어의 피는 유난히 붉다.
④ 피는 몸속에서 영양분을 전달한다.

피는 모두 붉은색이지! 정답은 2번.

갸웃-

오징어 피가 붉다고? 땡. 정답은 3번!

붉은색이 아닌 피도 있을까?

적혈구는 핏속에 들어 있는 붉은색의 성분을 뜻해요. 적혈구 속에 든 단백질인 헤모글로빈은 철 성분을 포함하고 있어요. 그래서 인간을 비롯한 척추동물의 혈액이 붉은색을 띠는 거예요.

무척추동물의 혈관에서 산소를 운반해 주는 것은 혈장인데 혈액의 색깔은 혈장에 들어 있는 혈색소에 따라 달라져요. 혈색소는 헤모글로빈이나 헤모시아닌 등이 있어요. 어떤 **혈색소**를 가지고 있느냐에 따라 **피의 색깔**이 달라지지요.

오징어·문어·거미류·갑각류는 푸른색, 지렁이·갯지렁이·거머리는 초록색, 조개를 닮은 개맛은 헤메리트린이라는 혈색소를 가지고 있어 보라색을 띠지요. 또 남극빙어는 투명한 피를 가지고 있어요. 남극빙어는 척추동물이어서 붉은색 피를 가져야 하지만 헤모글로빈이 적어 투명하게 보이지요.

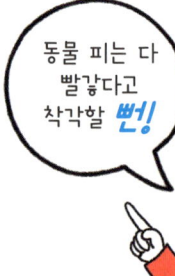
동물 피는 다 빨갛다고 착각할 뻔!

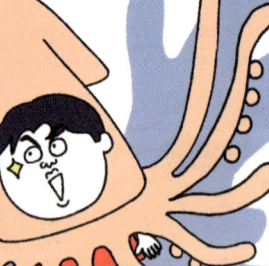

피가 **돌아야** 산다!

　동물은 끊임없이 움직이면서 음식물을 먹어야 해요. 음식물 속에는 몸에 필요한 영양분들이 들어 있지요. 소화 기관을 통해 만들어진 영양분은 우리 몸속 구석구석까지 전해져요.
　이런 영양분을 전달해 주는 것이 바로 **혈액**, 즉 **피**예요. 핏속에는 영양분뿐만 아니라 폐를 통해 심장으로 들어온 신선한 산소도 포함되어 있지요. **온몸에 산소와 영양분을 전달**해 주고 난 피는 이산화탄소와 노폐물을 수거하는 역할도 하지요.
　따라서 피는 동맥을 따라 흐르면서 심장으로 들어온 산소와 영양분을 온몸에 전달하고, 정맥을 따라 흐르면서 이산화탄소와 노폐물을 다시 심장으로 보내요. 이것을 **'혈액 순환'**이라고 해요. 피가 온몸을 돈다는 것은 생명체가 살아 있다는 것을 뜻하지요.

피는 무엇으로 되어 있을까?

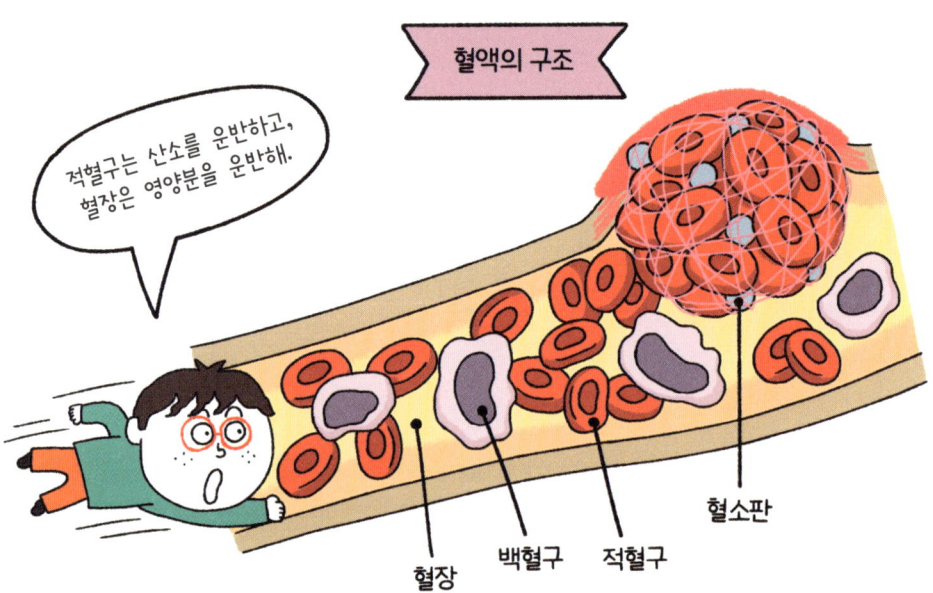

 동물의 몸속에 없어서는 안 되는 혈액은 크게 **혈장**과 **혈구**로 되어 있어요. 혈장의 90%는 물이고요. 혈구는 다시 적혈구, 백혈구, 혈소판으로 이루어져 있지요. 혈장은 단백질 등의 물질이 들어 있어 세포가 잘 유지되도록 해 줘요.
 혈액의 성분은 척추동물과 무척추동물이 조금 달라요. 무척추동물의 혈구는 보통 백혈구만으로 이루어져 있지요.

식물에도 피가 있다?

동물의 몸속에서 영양분을 전달하는 것이 혈액이에요. 그렇다면 식물에도 혈액이 있을까요? 물론 있지요. 하지만 혈액이라고 하지 않고 수액이라고 해요.

광합성으로 만들어진 영양분은 **수액**이 되어 식물체 구석구석으로 전해지지요.

그런데 식물의 뿌리에 공생하는 뿌리혹박테리아에 동물 피의 헤모글로빈과 비슷한 역할을 하는 레그헤모글로빈이 있다는 사실이 밝혀졌어요. 콩과 식물의 뿌리혹박테리아에서 추출한 이 레그헤모글로빈을 콩으로 만든 고기인 '콩고기'에 넣어 진짜 고기를 먹는 것처럼 피 맛이 나도록 하는 데 성공했어요.

레그는 '콩'을 뜻하는 라틴어야.

키는 100퍼센트 유전이라고?

부모에게서 물려받는 것?

　자식이 부모를 닮는 것은 자연스러운 일이에요. 닮는 것은 얼굴뿐만 아니에요. 키, 머리카락 모양, 쌍꺼풀 유무, 눈동자 색깔, 귀 모양 등 여러 가지를 닮지요.

　그중 키는 유전의 영향이 크다고 생각하는 경우가 많아요. 유전이란 부모의 성격, 체질, 생김새 등이 자식에게 전해지는 거예요. 실제로 엄마와 아빠 둘 다 키가 크다면 자녀도 키가 클 가능성이 크고, 반대로 부모 둘 다 키가 작다면 자녀 또한 키가 작을 가능성이 큰 것은 사실이에요.

　하지만 엄마 아빠의 키가 커도 자녀의 키가 작을 수 있지요. **환경**적인 요인도 함께 작용하기 때문이에요.

키가 크는 원리

몸이 커진다는 것은 몸을 구성하는 세포의 개수가 많아지는 거예요. 특히 뼈가 길고 굵어지지요. 만약 우리 몸의 뼈가 하나로 되어 있다면 뼈가 길어지고 굵어지는 데 오래 걸릴 거예요.

뼈는 태어날 때 270개였다가 성인이 되면 206개가 돼요. 자라면서 작은 뼈들이 서로 합쳐지면서 커지는 것이지요. 그리고 뼈와 뼈 사이에는 연골이 있고, 뼈끝에는 성장판이 있어요. 특히 무릎에 있는 성장판은 긴뼈를 연결하는 곳에 있어 키가 크는 데 아주 중요하지요. 이런 **성장판** 덕분에 각각 뼈가 길어지고 굵어지면서 키도 커지는 거예요.

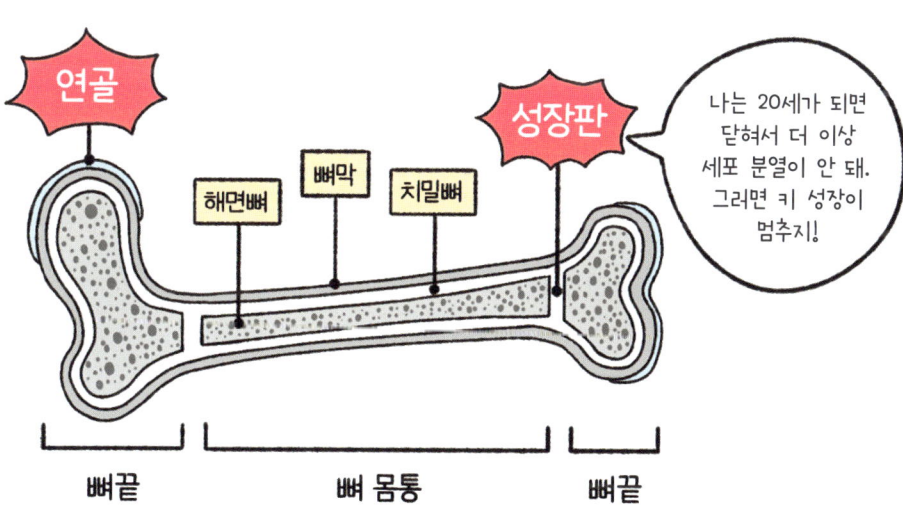

키를 크게 하려면?

성장판이 닫히기 전에 키가 클 수 있는 비결을 알아볼까요?

뼈의 주성분은 **무기질**이에요. 무기질은 칼슘, 마그네슘, 철, 아연과 같은 물질인데 이런 물질이 많이 들어 있는 음식을 섭취하는 것이 중요해요. 소고기, 돼지고기 같은 육류, 고등어와 같은 어류, 달걀 등에 무기질이 많이 들어 있지요. 또 과일, 채소, 콩, 버섯, 우유 등에는 칼슘이 많이 들어 있어요.

그밖에 규칙적인 생활 습관 즉, 일찍 자고 꾸준한 운동을 하면 성장 호르몬이 잘 분비되고 성장판이 늦게 닫히게 된답니다. 엄마 아빠가 항상 '많이 먹고 잘 자야 한다'라고 하지요? 바로 부모보다 키가 크기를 바라는 마음이 담겨 있는 것이랍니다.

조선 시대 장신은 165센티미터?

우리 몸에서 가장 긴뼈는 넙다리뼈인데 키의 25퍼센트 정도를 차지해요. 그래서 **넙다리뼈**의 길이를 알면 키를 추정할 수 있어요.

해부학을 연구하는 학자들이 이런 사실을 토대로 조선 시대 사람들의 키를 추정해 보았어요. 116명(남자 67명, 여자 49명)의 유골에서 채취한 넙다리뼈로 측정한 조선 시대 사람의 평균 키는 남자 161센티미터, 여자 149센티미터였어요. 지금의 평균 키보다 10센티미터 이상 작았던 거예요. 165센티미터 정도의 남자라면 조선 시대에는 장신 소리를 들었겠지요?

# 피는 심장에서 **만들어진다고?**

피는 심장이 아니라 **뼈에서** 만들어진다!

심장에서 나온 피는 동맥을 따라 온몸으로 흘러요. 핏속에는 신선한 산소와 영양분이 들어 있지요. 온몸에 산소와 영양분을 전달하고 난 피는 이산화탄소와 노폐물을 가지고 다시 정맥을 따라 심장으로 돌아와요. 그래서 사람들은 피가 심장에서 만들어진다고 생각하는 경우가 많아요.

하지만 **피**는 심장이 아니라 뼛속에 있는 **골수**에서 만들어져요. 뼛속은 단단한 물질로 가득 차 있지 않고 구멍이 숭숭 뚫려 있어요. 여기에 골수가 있고, **골수에는 피를 만드는 조혈모 세포가 있지요.**

조혈모 세포는 '피를 만드는 어미 세포'라는 뜻으로 피를 구성하는 적혈구, 혈소판, 백혈구 등으로 성장할 수 있는 세포를 가지고 있어요. 이렇게 만들어진 피가 심장으로 모이는 것이랍니다. 그래서 백혈구가 잘 만들어지지 않는 병에 걸리면 정상인의 골수를 이식하는 거예요.

시험에 나옴 나도 틀릴 뻔!

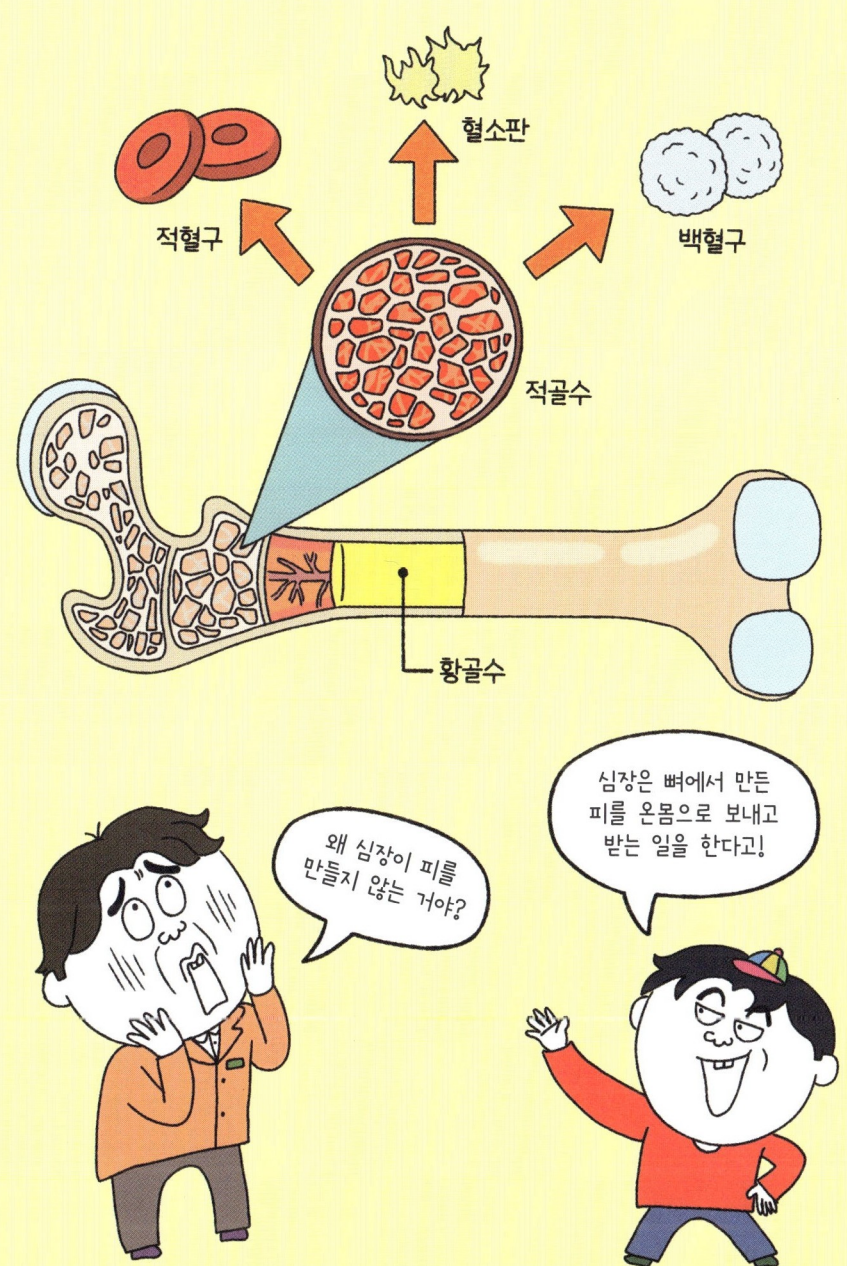

모든 뼈에 골수가 있나?

　우리 몸에는 모두 206개의 뼈가 있어요. 허벅지에 있는 뼈처럼 긴 것도 있고, 손가락에 있는 뼈처럼 짧은 것도 있지요. 길든 짧든 모든 뼛속에는 **골수**가 있어 **피**를 만들어요. 주로 넙다리뼈, 위팔뼈, 허리뼈, 등뼈, 종아리뼈, 정강이뼈 등 길고 큰 뼈에서 만들어져요. 이 뼛속에 있는 골수에서는 1초에 무려 250만 개의 적혈구가 만들어진다니 놀랍지요?

　뼈는 피를 만들 뿐만 아니라 지방, 무기질, 칼슘, 인 등을 저장하는 역할도 해요. 무기질은 뼈 무게의 3분의 2를 차지하고, 몸속의 칼슘은 뼈와 치아를 단단하게 만들지요.

달밤에라도 으싸!!

뼈가 튼튼해야 하는 중요한 이유는 바로 피를 만들기 때문이지요.

뼈가 없는 동물은 피도 없어?

사람을 포함한 척추동물은 뼛속에서 피가 만들어져요. 그렇다면 뼈가 없는 무척추동물은 피가 없을까요? 피가 없는 동물은 없어요. 피는 몸속 구석구석 흐르면서 산소와 영양분을 전달해 주니까요.

무척추동물은 크게 연체동물, 절지동물, 환형동물, 자포동물 등이 있어요. 이런 **무척추동물**은 골수 대신 콩팥에 있는 **조혈모 세포**에서 피가 만들어져요. 척추동물인 개구리도 물속에서만 사는 올챙이 때는 조혈모 세포가 콩팥에 있다가 개구리가 되는 과정에서 골수로 이동해요. 조혈모 세포는 자외선에 약한데 개구리가 되어 자외선에 노출되는 것을 막기 위해 뼛속에 숨겨 두지요.

만들어지는 곳은 다르지만 피는 영양분과 노폐물을 전달하는 없어서는 안 되는 물질이에요. 하지만 무척추동물의 핏속에는 헤모글로빈이 아닌 헤모시아닌이 들어 있어 붉은색이 아니라 투명하게 보이지요. 연체동물은 푸른색을 띠기도 하고요. 그래서 무척추동물의 피는 혈액 말고 '체액'이라고 불러요.

똥 배출은 소화의 **마지막** 단계야!

입으로 먹은 음식이 소화되면 찌꺼기는 반드시 몸 밖으로 내보내야 해요. 음식물은 소화 기관에서 몸에 필요한 영양분을 걸러내요. 거르고 남은 찌꺼기는 똥이 되어 항문을 통해 몸 밖으로 나오고요. 항문은 소화 기관에 속해요. 큰창자에서 찌꺼기는 수분이 빠지고 고체가 되어 항문으로 나오는데 이것을 '**배출**'이라고 해요. 배출은 '밀어서 내보낸다'라는 뜻이에요.

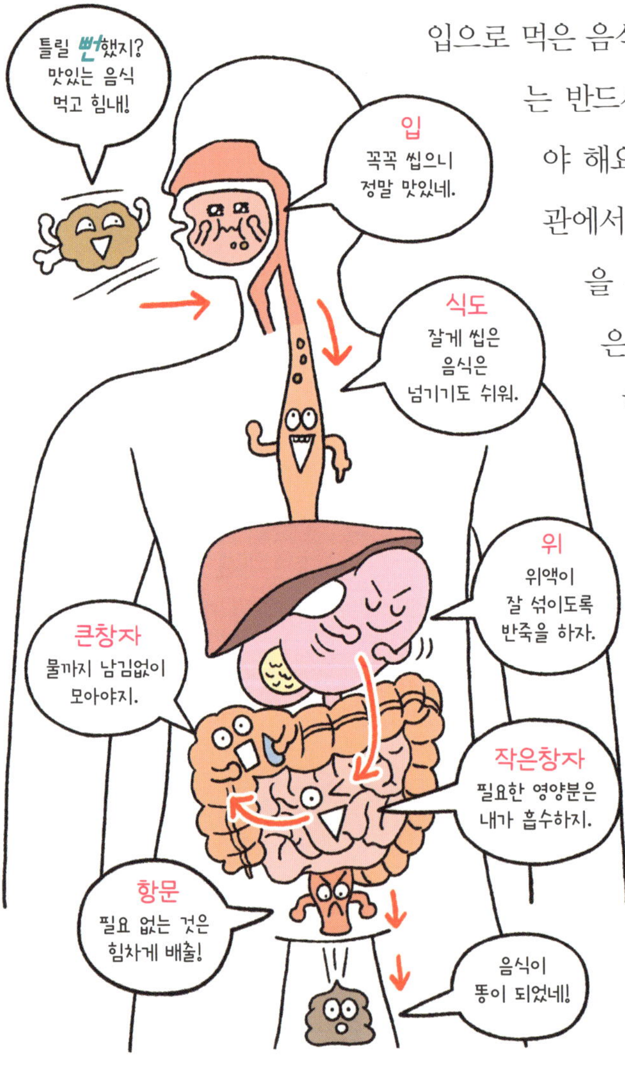

우리 몸과 소화 기관과 과정

한편 소화 기관을 거쳐 소화되고 남은 수분이나 혈액을 통해 운반된 액체 노폐물은 오줌이 되어 몸 밖으로 나오는데 이것을 '**배설**'이라고 해요. 배설은 '밀어서 새어 나가게 한다'라는 뜻이지요. 배설은 오줌뿐만 아니라 땀샘을 통해 몸 밖으로 새어 나오는 땀까지 포함돼요.

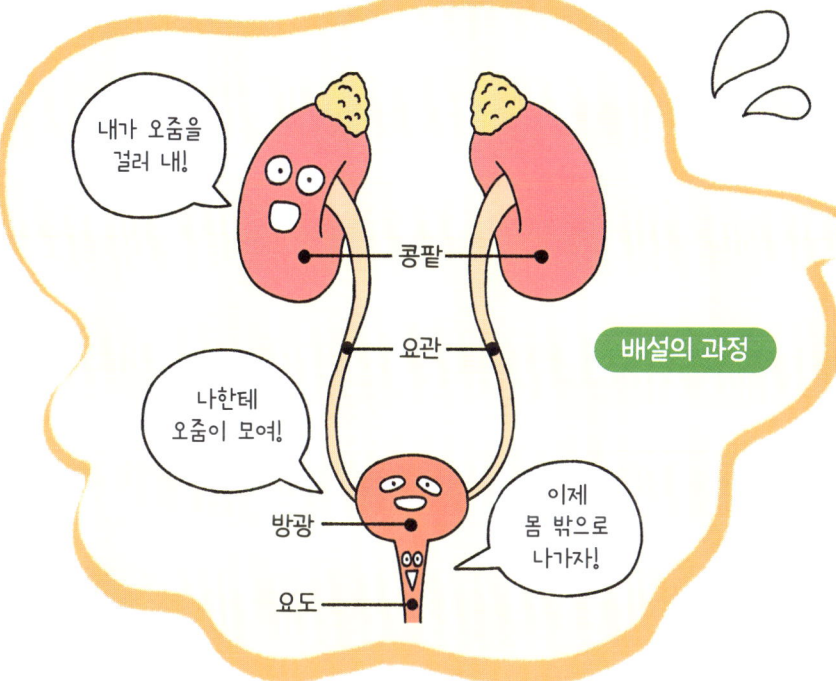

똥과 오줌은 둘 다 누는 것이지만 배출과 배설로 다르답니다. 나오는 곳도 다르고요. 그런데 우리는 흔히 똥이나 오줌을 누는 걸 구별하지 않고 그냥 배설한다고 하고, 땀은 배설한다고 하지는 않고 흘린다고 하지요.

동물의 똥과 오줌도 궁금해?

　동물 역시 사람처럼 먹이를 먹어 영양분을 섭취해야 해요. 그리고 소화하고 남은 찌꺼기는 몸 밖으로 내보내야 하지요.

　척추동물은 크게 어류, 양서류, 파충류, 조류, 포유류로 나눌 수 있어요. 이런 동물의 똥은 소화 기관, 오줌은 배설 기관을 통해 몸 밖으로 나와요. 사람을 포함한 **포유류**는 똥을 배출하는 항문이 있고, 오줌을 배설하는 요도가 있어요. 암컷의 경우는 새끼를 낳는 곳이 하나 더 있지요.

　그런데 개구리와 같은 **양서류**, 뱀과 같은 **파충류**, 독수리와 같은 **조류**는 똥과 오줌 그리고 알을 낳는 곳이 한 군데밖에 없어요. 포유류 중에서도 알을 낳는 **오리너구리**도 한 군데밖에 없지요. 이런 동물들은 똥과 오줌이 구별되지 않고 섞여서 한 번에 몸 밖으로 나와요. **어류**는 종류에 따라 조금 달라요. 대부분 어류는 똥과 오줌을 구별해서 내보내지만, 나오는 곳은 같아요.

　몸속 노폐물과 찌꺼기를 내보내는 일은 생명을 유지하는 아주 중요한 일이에요.

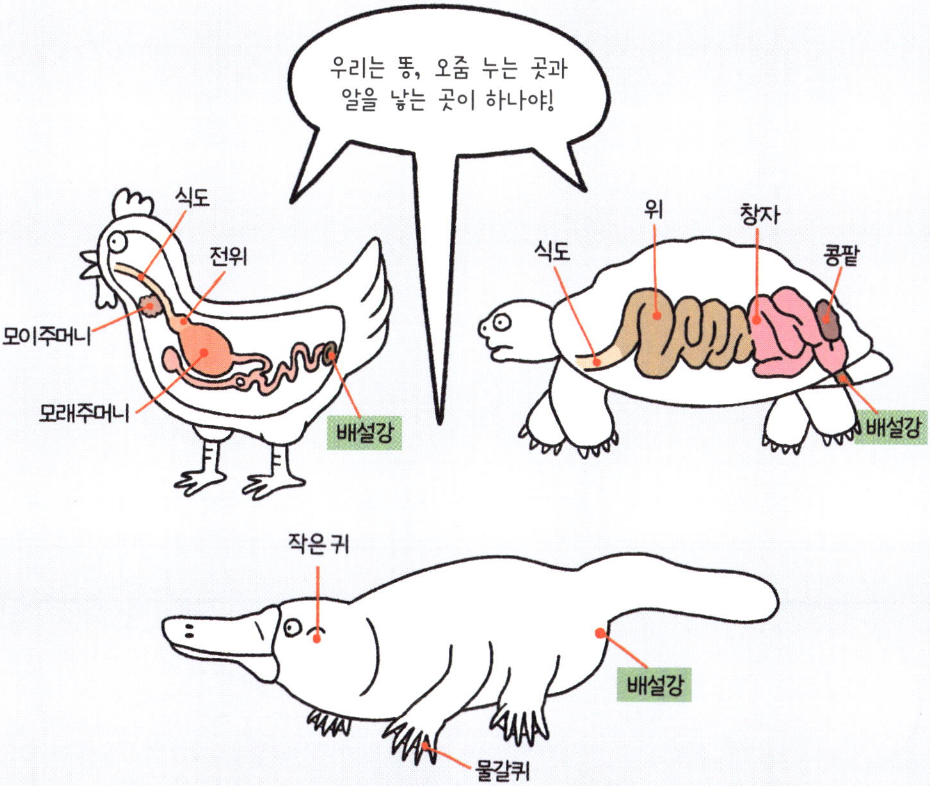

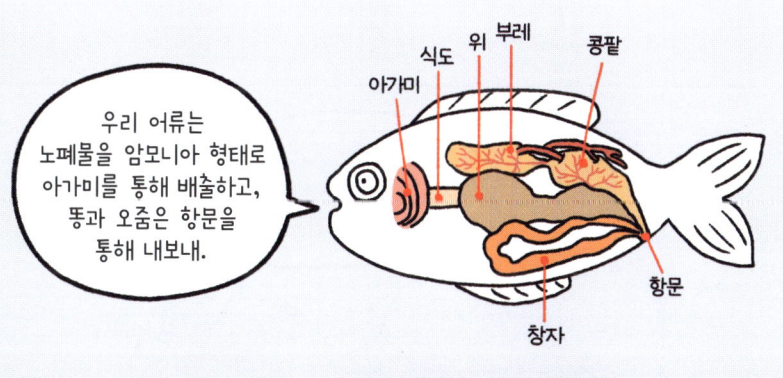

양서류·파충류·조류·포유류 중 오리너구리의 배설 기관

어류 배설 기관

똥도 다 쓸 데가 있다?

똥과 오줌 그리고 땀은 보통 몸속에서 쓰임이 다하거나 필요 없어진 물질이에요. 그러니 몸 밖으로 배출 또는 배설해야 하지요. 그런데 **똥은 동물의 먹이**가 되기도 해요.

토끼는 두 가지 똥을 누어요. 하나는 정상 변이고 다른 하나는 식변이에요. 식변에는 토끼가 먹은 풀이 덜 소화되어 영양분

이 남아 있고 위 속의 미생물이 섞여 있어요.

　새끼 코끼리는 위 속에서 먹이를 소화하는 데 필요한 미생물을 어미의 똥을 먹어서 얻어요. 소똥구리는 소나 말의 똥을 공처럼 만들고 그 속에 알을 낳아요.

　똥은 땔감과 같은 에너지 자원으로도 쓰여요. 소나 말 같은 가축의 똥은 말려서 땔감으로 사용하고, 똥이 분해되면서 나오는 메테인 가스는 연료나 전기를 만드는 데 쓰여요.

　똥은 몸에 불필요한 물질이지만, 누군가에게는 몸에 필요한 물질이 되기도 한답니다.

A형은 정말 소심할까?

독일에서 공부한 일본의 한 의사는 혈액형을 사람의 성격을 구분하는 기준으로 연구했어요. 그 결과로 우리가 보통 알고 있는 혈액형별 성격이 널리 알려지게 됐어요. A형은 소심하며 꼼꼼하고, B형은 자기주장이 강하며, O형은 활달하고 사교적이며, AB형은 감정 표현을 잘 안 한다고 알려졌지요.

하지만 과학적으로 증명된 것이 아니에요. 그런데도 A형이 대체로 소심한 성격이라는 데 많은 사람이 공감해요. 성격은 한마디로 정확하게 정의하기는 어렵지만, 대개 한 사람이 가지고 있는 고유의 성질이나 품성을 말해요. 이런 성격이 네 가지 혈액형에 따라 정해진다니 믿기 어렵지요.

혈액형은 왜 구분할까?

우리가 흔히 A형, B형, O형, AB형이라고 하는 혈액형은 1901년 오스트리아 출신 미국 의학자 카를 란트슈타이너가 발견했어요. 란트슈타이너는 이 공로로 1930년 노벨 생리의학상을 받았어요. ABO식 혈액형의 발견은 인류의 질병 치료 역사에 아주 중요한 일이었거든요.

란트슈타이너는 인종의 우월성이나 성격을 알아보기 위해 혈액형을 연구한 것이 아니에요. 그전에 사람들은 혈액이 모두 똑같다고 생각해서 피가 모자라면 아무 피나 수혈했어요. 그래서 죽는 사람도 많았지요. 란트슈타이너 덕분에 수혈할 수 있는 경우와 그렇지 않은 경우를 알게 된 것이에요.

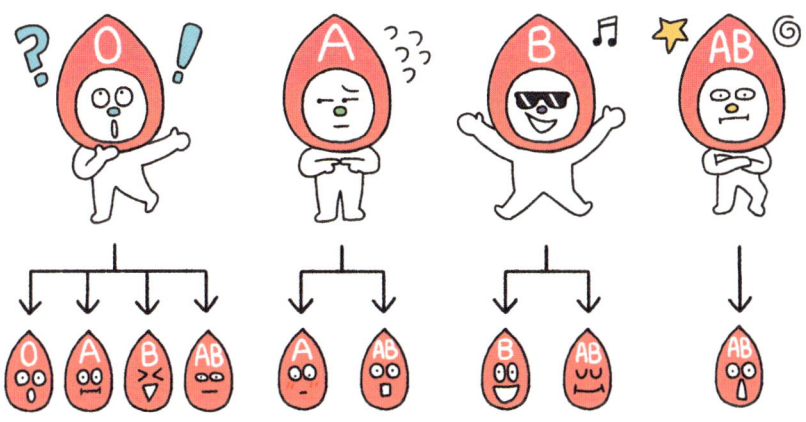

수혈할 수 있는 혈액형

엄마 아빠가 다 A형인데 **왜 나만 O형?**

    란트슈타이너가 처음 혈액형을 발견했을 때는 A형, B형, C형이었어요. 그 후 AB형이 발견되고 C형은 O형으로 바뀌었지요. 또 혈액형이 유전 법칙에 따른다는 사실이 밝혀졌고, 부모의 혈액형에서 물려받을 수 있는 혈액형도 알려지게 되었지요.

    A형에게는 AA와 AO라는 유전자가 있고, B형에게는 BB와 BO라는 유전자가 있어서 경우에 따라 A형, B형, AB형, O형이 모두 태어날 수 있어요. 부모가 둘 다 A형이나 B형이라도 O형이 나올 수 있는 것은 <u>A형과 B형에게 O형의 유전자가 있기 때문이랍니다.</u>

혈액형은 인종과 상관있다?

혈액형 발견 이후 몇몇 유럽의 의사들은 혈액형에 따라 사람의 형질이 다를 수 있다는 것을 연구하기 시작했어요. 다른 사람들보다 더 뛰어난 사람은 혈액형이 다르기 때문이라는 것을 입증하려고요. 예를 들어 백인종이 유색 인종보다 더 우월한 것은 백인종은 A형이 많고, 유색 인종은 B형이 많기 때문이라고 주장했어요.

하지만 사람의 혈액형이 네 가지라는 것 외에 더 이상 밝혀진 것은 없어요. <u>혈액형과 인종은 아무런 상관이 없다는</u> 거예요.

손톱 발톱은 뼈 아냐?

손톱과 발톱이 뼈가 아닌 이유

손톱과 발톱은 단단해서 '뼈'라고 생각하는 사람이 많아요. 하지만 손톱과 발톱은 죽은 **피부**의 세포가 쌓여 단단하게 굳은 조직이에요. 손가락이나 발가락 끝의 피부와 닿지 않고 나와 있는 부분은 잘라내도 아픔을 느끼지 않아요.

뼈는 칼슘으로 이루어져 있지만, 손톱과 발톱은 케라틴이라고 하는 단백질로 이루어져 있어요. 또 손톱과 발톱의 뿌리 부분 밑에는 계속해서 손발톱을 자라게 하는 세포가 있어 특별한 이상이 없는 한 계속 자라게 되지요. 뼈는 끝에 있는 성장판이 닫히면 더 이상 자라지 않아요.

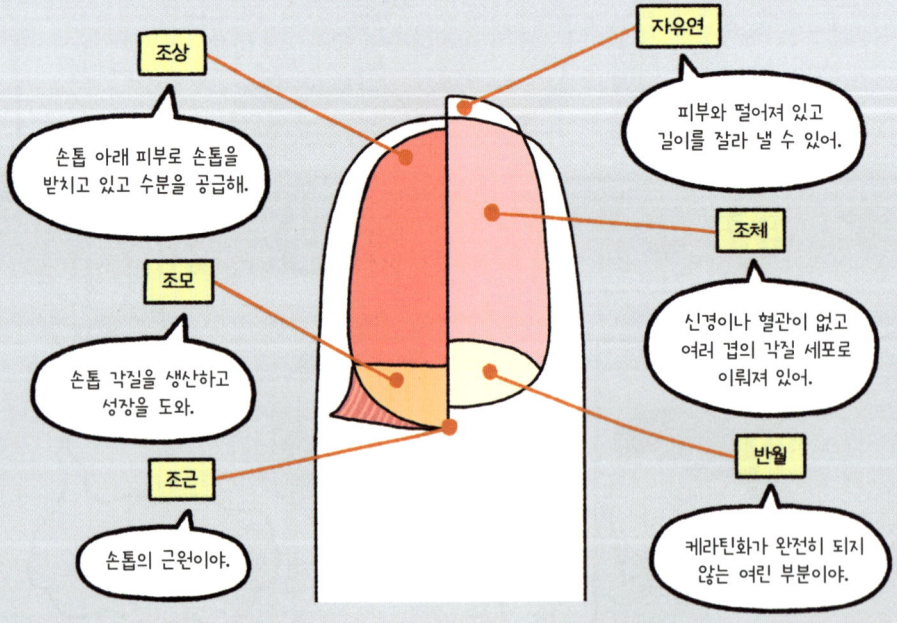

손톱과 발톱은 왜 필요할까?

개구리와 같은 양서류의 발가락 끝에는 발톱은 없지만, 관절이 잘 발달하여 작은 물체도 움켜쥘 수 있어요. 악어와 같은 파충류, 독수리와 같은 조류는 발가락 끝에 날카로운 발톱이 있어 사냥하거나 천적으로부터 자신을 지키는 데 아주 중요한 역할을 해요.

사람을 포함한 포유류도 발톱이 있어 발가락을 보호하거나 물체를 쥘 수 있고 사냥을 할 수 있어요.

이런 동물들은 먹이에 따라 발톱의 생김새나 단단한 정도가 달라요. 사람의 손톱은 널찍한 판 모양이어서 작은 물체도 잘 쥘 수 있어 도구를 만드는 데 유용하고요.

손톱에 왜 톱이 들어갔을까?

　사람은 두 발로 걷기 때문에 두 손이 자유로워요. 그래서 여러 가지 정교한 도구를 만들 수 있어 지구상의 어떤 동물보다도 발달하게 되었어요. 사람 말고 도구를 만들어서 사용하는 동물은 극히 드물지요. 그만큼 사람에게는 손이 중요하답니다.

　손톱은 단단한 물체를 자르는 것은 아니지만 부드러운 물체를 자르는 역할을 하지요. 톱의 어원은 '돌'이에요. 돌의 옛말은 '돋'이었고, 이것이 '돕'으로 변했다가 다시 '톱'으로 변한 거예요. 손가락 끝에 있는 단단한 부분을 돌이라고 한 것인데 원시 시대부터 돌은 아주 중요한 도구였지요.

　손가락 끝의 단단한 부분은 돌처럼 중요한 도구로 쓰임새가 많아 지금의 '손톱'이라는 말이 생기게 된 것이에요.

손톱과 발톱은 건강 진단서?

　손톱에 반달이 있으면 건강하고, 없으면 몸에 문제가 있다는 얘기를 들어 본 적 있나요? 손톱의 뿌리 부분을 잘 보면 손톱 색깔보다 더 하얗고 둥근 부분이 있어요. 이것을 손톱 반달 또는 반월이라고 해요.

　보통 손톱이 분홍색을 띠는 것은 얇은 손톱 밑에 있는 모세 혈관의 피가 비쳐 보이기 때문이에요. 손톱 반달이 있는 부분이 하얗게 보이는 것은 두께가 두꺼워 피가 비쳐 보이지 않아서 그런 거예요. 좀 더 자라 밀려 나오면 얇아져서 분홍색이 되고요.

　손톱 반달은 손톱마다 다 보이지는 않아요. 더 안쪽에 있어 보이지 않기도 하거든요. 그래서 손톱 반달로 건강을 판단할 수는 없어요.

안 닮은 쌍둥이가 어딨어?

쌍둥이라도 다를 수 있다!

쌍둥이가 되는 경우는 대개 두 가지가 있어요. 그중 하나는 한 개의 난자가 한 개의 정자와 만나 수정되었는데 수정란이 자라는 과정에서 둘로 나누어지는 거예요. 그러면 두 명의 태아가 태어나 쌍둥이가 되지요. 이런 경우는 난자가 한 개라는 뜻으로 '**일란성 쌍둥이**'라고 하지요.

일란성 쌍둥이는 하나의 난자와 정자에서 생겨 성별이 똑같고 외모도 아주 비슷하지요. 유전자도 원칙적으로는 똑같지만 수정되어 자라는 과정에서 미세한 돌연변이 등으로 100% 같지는 않아요. 또 유전자가 거의 같다고 해도 태어나서 자라는 과정에서 환경적 차이로 성격이 달라지기도 하지요. 특히 각각 다른 가정으로 입양된 일란성 쌍둥이의 경우 성격 차이가 가장 크지요.

쌍둥이가 되는 또 다른 경우는 엄마의 난자 두 개가 각각 다른 정자와 만나 두 개의 수정란이 아기집에서 자라는 거예요. 이런 경우는 난자가 두 개이기 때문에 '**이란성 쌍둥이**'라고 해요. 이란성 쌍둥이는 성별이 같을 수도 있고 다를 수도 있어요. 이란성 쌍둥이는 형제, 자매, 남매가 같은 날 태어날 뿐이지요. 성별이 같아도 생김새는 다를 수 있어요. 난자와 정자가 각각 달라 유전자도 다르답니다.

아주 드물게 한 개의 난자에 두 개의 정자가 만나 수정이 되어 쌍둥이가 되기도 해요. 난자가 한 개이므로 일란성인데, 정자가 두 개여서 **'반 일란성 쌍둥이'**라고 하지요. 반 일란성 쌍둥이는 엄마의 유전자는 똑같지만, 아빠의 유전자가 달라 성별이 다를 수 있어요.

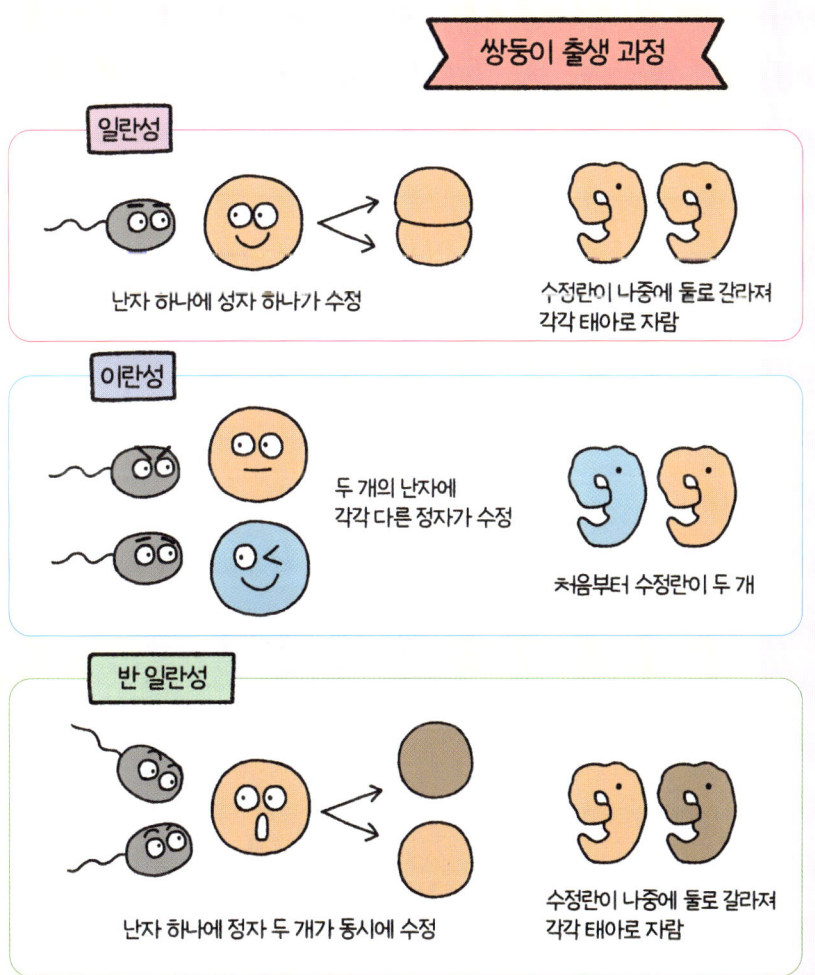

다태아와 다둥이의 차이는?

엄마의 아기집에서 한 명의 태아가 자라 태어나는 것을 '단생아' 또는 '단태아'라고 해요. 동시에 두 명의 태아가 자라 태어나는 것은 '쌍생아' 또는 '쌍둥이'라고 하지요. 세 명 이상이 태어나는 것은 '다태아'라고 하고요. 다태아는 일란성이든 이란성이든 또 태아의 수에 상관없이 엄마의 아기집에서 같은 시기에 생긴 난자에서 태아가 자라는 것이에요. 다태아의 경우 일란성과 이란성이 섞여 있으면 성별이 달라져요.

쌍둥이는 서로 마음이 통할까?

쌍둥이 사이에는 텔레파시가 통한다는 말이 있어요. 말, 몸짓, 표정 등과 같은 감각적인 표현이 없어도 상대방의 생각이나 감정을 읽는다는 거죠. 어떤 쌍둥이는 아픔을 느끼면 함께 느끼기도 해요. 수백 킬로미터 떨어져 있어도 느낄 수 있다고 주장하지요.

케임브리지대학교에서 663쌍의 쌍둥이를 조사한 결과, 특별히 쌍둥이 사이의 텔레파시를 입증할 증거를 찾지 못했어요. 다만, 유전적 유사성과 같은 환경에서 자라는 경우가 많아 감각을 느끼는 것이 아주 비슷한 것은 확인되었어요.

피는 빨간데
혈관은 왜 파랗지?

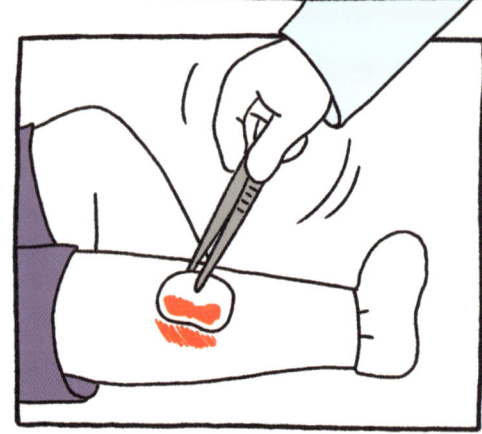

혈관이 **푸르게** 보이는 이유

    피가 우리 눈에 붉은색으로 보이는 것은 적혈구 속의 헤모글로빈 때문이에요. 헤모글로빈에는 철 성분이 있는데 이것이 공기 중에 노출되어 산소와 결합하면 붉은색으로 보여요. 철이 산소와 만나면 녹이 슬며 붉은색을 띠잖아요. 피가 붉은색인 것도 같은 원리예요. 그래서 피부에 상처가 나면 붉은색 피가 나와요.

    우리 몸의 피는 동맥과 정맥이라는 혈관을 따라 도는데요. 손등처럼 피부를 통해 보이는 혈관은 모두 정맥이에요. 그런데 손등에 있는 혈관의 색은 피와 같은 붉은색이 아니라 왜 푸른색일까요?

    잘 익은 사과가 붉은색으로 보이는 것은 다른 색깔의 빛은 흡수되고 붉은색만 반사하기 때문인데요. 피가 붉게 보이는 것도 마찬가지예요. 피부의 색깔 역시 빛이 반사되어 우리 눈에 들어온 빛을 보는 거거든요. 그래서 우리 눈에 피부는 누르스름한 색으로 보이지요.

그런데 검붉은색 피가 흐르는 정맥이 있는 곳의 피부색은 푸르스름하게 보여요. 검붉은색 피가 누르스름한 피부를 통해 우리 눈에 들어올 때 검붉은색은 흡수되고 푸른색만 반사되어 보이기 때문이에요.

동맥은 뭐고 정맥은 뭐야?

우리 몸이 유지되는 것은 운동 기관, 소화 기관, 호흡 기관, 순환 기관, 배설 기관 덕분이에요. 이 중 순환 기관은 혈액이 온몸을 도는 것이에요. 심장의 압력으로 혈액이 온몸 구석구석까지 가고, 근육의 수축으로 다시 심장으로 돌아오지요.

심장에서 나가는 혈액은 **동맥**을 따라 흐르고 심장으로 돌아오는 혈액은 **정맥**을 따라 흘러요.

동맥은 펌프 역할을 하는 심장이 밀어 주기 때문에 목이나 손목, 발목 같은 데를 눌러 보면 박동을 느낄 수가 있어요. 동맥은 빠른 속력으로 갈 수 있는 고속도로와 같아요.

반면 정맥은 근육이 수축하는 힘으로 흐르기 때문에 약해지면 거꾸로 흐를 수도 있어요. 하지만 역류를 막아 주는 판막이 있어 특별한 문제가 없다면 정상적으로 심장으로 돌아오지요. 그래서 정맥은 곳곳에 차단기가 있는 국도 또는 지방 도로라고 할 수 있지요.

손등과 발등의 정맥 혈관은 특히 푸르스름하게 보여요. 그리고 혈관도 튀어나와 울퉁불퉁해요. 손이나 발이 심장보다 낮은 위치에 있어서 더 도드라져 보이는 거예요. 그런데 손을 심장 위치보다 높게 들면 튀어나와 있던 혈관이 다시 평평해져요. 혈관이 들어갔다 나왔다 움직이기라도 하는 걸까요?

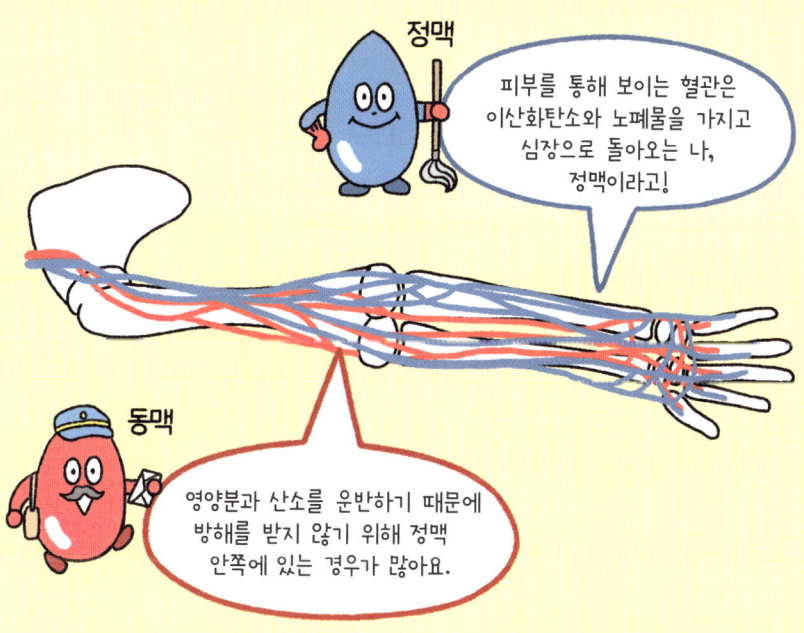

정맥

피부를 통해 보이는 혈관은 이산화탄소와 노폐물을 가지고 심장으로 돌아오는 나, 정맥이라고!

동맥

영양분과 산소를 운반하기 때문에 방해를 받지 않기 위해 정맥 안쪽에 있는 경우가 많아요.

정맥은 동맥과 달리 피를 흐르게 하는 압력이 거의 없어요. 그래서 정맥이 심장보다 낮은 곳에 있게 되면 중력 때문에 피가 아랫부분으로 몰리게 돼요. 서 있을 때도 손끝과 발끝에 피가 몰려 혈관이 퉁퉁해지는 거예요. 혈액 순환에 문제가 있는 경우가 아니라면 튀어나온 혈관은 건강과 아무 상관 없어요.

감기와 독감 뭐가 달라?

흔히 감기와 독감은 같은 것이고, 심하거나 지독한 감기를 독감으로 알고 있는 경우가 많아요. 감기와 독감의 결정적인 차이는 예방 주사가 있느냐 없느냐예요. 감기는 예방 주사가 없지만, 독감은 있지요. 이건 감기는 원인이 되는 바이러스가 여럿이지만, 독감은 인플루엔자 바이러스가 원인이고 이 바이러스는 예방 주사를 통해 예방 효과를 얻을 수 있다는 뜻이에요.

감기와 **독감**은 원인이 되는 바이러스도 다르고 증상도 다르답니다.

감기의 원인과 증상은?

감기의 순우리말은 '고뿔'이에요. '곳불'에서 유래된 말인데 코를 뜻하는 '고'와 불을 뜻하는 '불'이 합쳐진 것이지요. 코에서 불이 날 것 같다는 뜻으로 감기에 걸리면 콧물이 흐르고 코가 막히는 증상이 생기기 때문이에요.

'오뉴월 감기는 개도 안 걸린다'라는 속담이 있어요. 여기서 오뉴월은 음력이므로 양력으로 하면 여름이지요. 여름에는 감기에 걸리지 않는다는 뜻이에요. 그러니까 감기는 보통 가을에서 겨울이 될 때나 겨울에서 봄이 되는 환절기에 잘 걸린다는 것이지요.

감기는 감기를 일으키는 바이러스가 호흡기를 통해 들어오고, 우리 몸이 그 바이러스를 이겨 내지 못하면 걸려요. 주로 라이노 바이러스와 라데나 바이러스에 의해 걸리지만, 여러 가지 **바이러스**가 원인이 돼요. 코로나도 감기 바이러스 중 하나예요.

코막힘, 콧물, 재채기, 가래, 기침, 인후염, 두통, 미열 등의 증상이 있지요.

독감의 원인과 증상은?

독감은 원인을 일으키는 바이러스가 확실해요. **인플루엔자 바이러스**지요. 독감은 한자로 '지독한 감기'라는 뜻이지만, 감기와는 원인과 증상이 달라요.

인플루엔자 바이러스가 독감의 원인이라는 것이 알려졌지만, 독감이라는 말까지 바뀐 것은 아니지요. 그래서 지금도 감기와 독감을 특별히 구분하여 부르지 않아요.

인플루엔자 바이러스는 1~5일의 잠복기를 거쳐 발병하는데 열이 나고 근육통, 오한, 피로감을 느끼는 증상이 생겨요. 또 독감은 폐렴이나 천식 등 호흡 기관에 합병증이 생길 수 있어 초기에 치료를 받아야 해요.

인플루엔자 바이러스는 A, B, C, D형이 있어요. 이 중 A형이 가장 심한 독감이에요. 겨울마다 사람과 동물이 모두 옮기기 때문에 대유행할 가능성이 커요. 스페인 독감과 홍콩 독감이 A형이었어요. B형은 사람끼리 전염되지만 유행 가능성이 작아요. C형은 아주 드물고, D형은 지금까지 사람이 걸린 사례는 없어요.

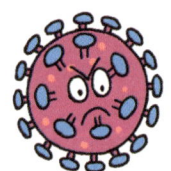
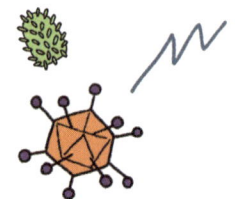

최면은 다 가짜라고!

최면이란 무엇일까?

최면의 뜻은 글자 그대로 풀어 보면 '잠을 재촉한다'예요. 잠이 들게 하는 것이지요. 그런데 최면은 우리가 매일 자는 잠이나 엄마가 아기를 재우는 잠이 아니에요. 보통 어떤 암시로 인위적으로 잠과 유사한 상태가 되게 하는 것이 최면이에요. 하지만 이것은 최면의 정확한 정의는 아니에요.

의학이나 심리학에서 말하는 최면은 쉽게 말하면 최면 당사자의 주의를 한 곳에 집중시켜 잊었던 기억을 되살리거나 없애는 거예요. 또 최면 상태에서 환자를 우울하게 하는 원인을 제거하거나 특정 부위의 통증을 느끼지 못하는 상태로 만드는 거예요.

최면 유도 도구의 종류와 방법

최면은 회중시계, 추, 메트로놈처럼 일정한 주기로 반복해서 움직이는 도구로 이용해서 유도하기도 한다.

최면 치료 가능할까?

기원전 376년, 고대 이집트의 파피루스 문서에 최면 치료 기록이 있어요. 지금으로부터 2300년도 더 전에 질병을 치료하기 위해 최면 요법을 쓴 거예요.

1770년대에는 오스트리아의 의사 프란츠 메스머가 환자를 치료하는 데 최면술을 썼어요. 최면술로 환자를 반의식 상태로 만든 다음 특수 제작된 자석을 몸에 대고 암시를 줌으로써 증상을 완화하는 방식이었어요. 이로써 정신과 치료 효과가 없었던 우울증 환자에게 최면이 효과가 있다는 것이 알려지기 시작했어요.

이후 영국의 의사인 제임스 브레이드는 그리스 신화 속 잠의 신인 히프노스에서 따와 최면술을 히프노시스라고 불렀어요. 1864년, 마취제가 개발되기 전까지 최면술은 마취 방법으로도 쓰이게 되었어요.

멍때리기도 최면이라고?

의사나 최면 치료사가 최면을 걸지 않아도 어떤 일에 몰입하여 옆에서 말을 걸어도 듣지 못하는 사람이 있어요. 이것도 일종의 최면 상태라고 할 수 있어요.

몰입은 잡다한 생각에서 벗어나 원하는 것에 모든 정신을 집중하는 것을 말해요. 명상도 정신을 가다듬고 한 가지를 깊이 생각함으로써 스트레스를 줄이는 방법으로 쓰여요.

또 아무 생각도 하지 않고 넋이 나간 것처럼 있는 상태인 '멍때리기'도 스스로 최면 상태가 되는 거예요. 멍때리기는 긴장을 풀어 주고 눈과 뇌의 피로를 줄여 주기도 해요. 멍때리기를 하면 때로 집중력과 창의력이 높아져 오히려 좋은 아이디어가 떠오르기도 해요. '멍때리기 대회'가 있을 정도니 멍하니 있는다고 시간 낭비하는 것만은 아닌 셈이죠.

의술인가, 속임수인가?

　최면 치료의 역사를 보면 의술과 속임수 사이에서 오락가락하는 모습을 볼 수 있어요. 왜냐하면 최면이 모든 사람에게 적용되는 것도 아니고, 최면에 들어 본 적이 없는 사람은 의사나 최면 치료사와 환자가 짠 것으로 오해할 수 있기 때문이에요.

　최면으로 질병을 치료한 환자도 있지만, 최면 마술의 등장으로 최면을 재미있는 볼거리나 속임수로 생각하는 사람도 생겼어요.

　하지만 최면에 관한 연구가 계속 이어지면서 조현병이나 우울증, 조울증 등 특정 정신 질환 영역에서 효과가 있다는 것이 밝혀지고 있답니다.

충치는 이가 썩은 거야!

충치, 썩는 게 아니라 녹는 것!

충치는 '벌레 먹은 이'라는 뜻이에요. 하지만 충치는 벌레가 갉아 먹어서 생기는 것이 아니에요. 그렇다고 이가 썩는 것도 아니고요. 충치는 녹는 거예요. 단단한 석회암이 산성 물질이 포함된 빗물에 녹듯이 법랑질과 상아질이 산에 녹는 거예요.

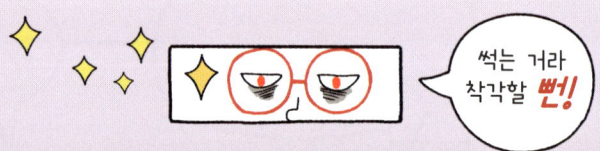

음식물이나 찌꺼기가 입안에 남아 있으면 그 속에 있는 당분이 젖산으로 분해돼요. 이 과정에서 생긴 산이 이를 녹여 버리는 것이 충치예요. 충치가 진행되면 이에 검은 구멍이 생기는데 이것이 벌레가 갉아 먹은 것처럼 보이지요.

충치는 스트렙토코쿠스 뮤탄스와 락토바실루스라고 하는 충치균이 일으켜요. 이 충치균은 태어날 때는 없다가 자라면서 사람을 통해서만 전염돼요. 충치의 구멍이 검은색을 띠는 것은 스트렙토코쿠스 뮤탄스 때문인데요. 스트렙토는 '줄지어 서다', 코쿠스는 '둥글다', 뮤탄스는 '움직이다'라는 뜻인데, 공처럼 둥근 이 충치균이 줄지어 옆으로 퍼지면서 치아 속으로 파고든다고 해서 붙여진 이름이에요.

우리 이는 뭐로 되어 있을까?

우리의 이(치아)는 단단한 돌덩이처럼 한 가지 재질로 되어 있지 않아요. 여러 겹의 다른 재질로 되어 있고, 조금씩 자라요. 이는 잇몸에서 자라는데요. 겉으로 보이는 부분은 치관, 안 보이는 부분은 치근이라고 해요.

이 전체는 **법랑질**, **상아질** 그리고 **치수** 이렇게 세 겹으로 되어 있어요.

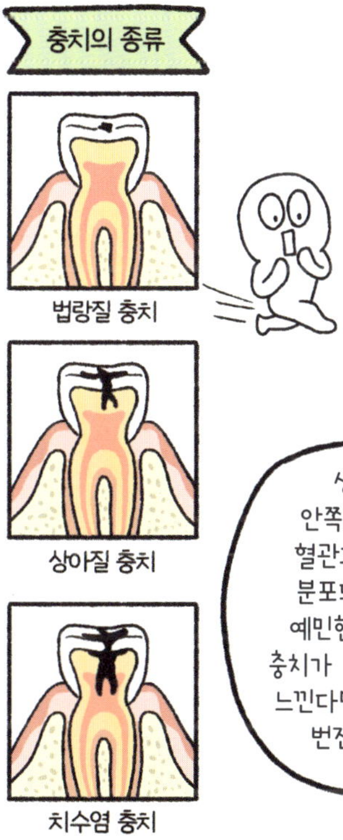

충치의 종류

- 법랑질 충치
- 상아질 충치
- 치수염 충치

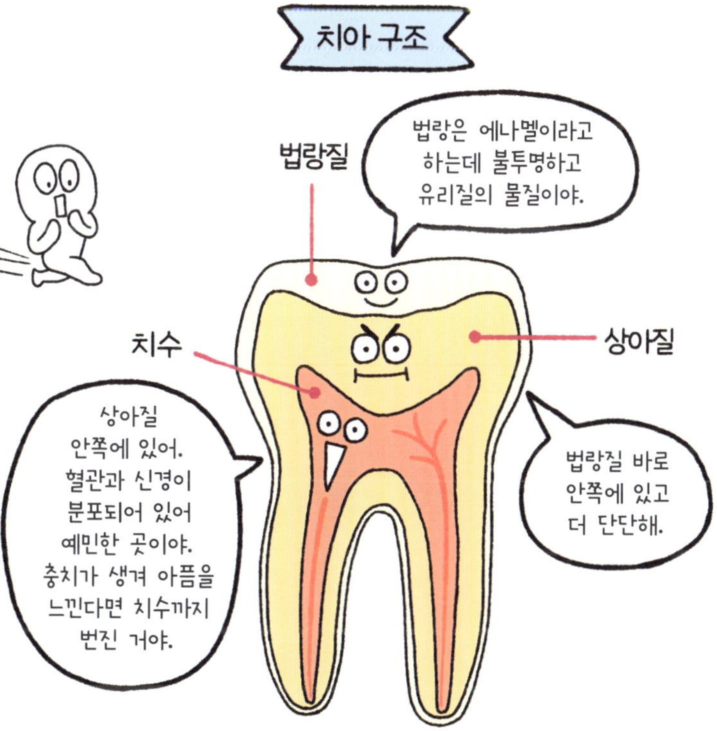

치아 구조

- **법랑질**: 법랑은 에나멜이라고 하는데 불투명하고 유리질의 물질이야.
- **상아질**: 법랑질 바로 안쪽에 있고 더 단단해.
- **치수**: 상아질 안쪽에 있어. 혈관과 신경이 분포되어 있어 예민한 곳이야. 충치가 생겨 아픔을 느낀다면 치수까지 번진 거야.

충치는 **현대인**만의 **질병**일까?

충치균에 감염되면 법랑질이 녹아 구멍이 생기기 시작해요. 그러면 치과에서는 충치균에 노출된 부분을 갈아 내고 아말감 같은 충전재로 채워 치료해요.

2012년, 과학자들이 6500년 전에 살았던 인류의 유골에서 치아의 충전재로 밀랍이 쓰였다는 것을 발견했어요. 충치를 치료했다는 흔적이 밝혀진 것이에요. 이뿐만 아니라 현생 인류의 조상인 모든 사람 종의 화석에서도 충치의 흔적이 발견되었어요.

사람뿐만 아니라 침팬지와 고릴라 등 사람과에 속하는 영장류도 충치가 있다는 것이 알려졌어요. 이것은 영장류가 먹는 음식이 주로 곡류와 과일류 그리고 섬유질이 많은 땅속줄기인데 이 음식물들에 당분이 많기 때문이에요.

연구 결과 인류가 농사짓기 시작하면서 충치균도 많이 증가한 것이 밝혀졌어요. 사람과 가까이 사는 개와 고양이도 충치가 있고요. 충치는 먹는 음식이 관련 있다는 것을 알 수 있지요.

소음에 무슨 색깔이 있어?

백색 소음이 뭐야?

　우리 눈으로 볼 수 있는 빛을 가시광선이라고 해요. 가시광선은 보통 무지개색처럼 빨간색에서 보라색까지 여러 가지가 있는데 섞이면 백색으로 보여요. 그래서 가시광선을 백색광이라고도 해요.

　연못에 돌을 던지면 물결이 생기고 둥글게 퍼져 나가잖아요. 이것을 파동이라고 해요. 소리나 빛도 파동처럼 퍼져 우리 귀와 눈에 전달돼요. 파동은 한 번 꿀렁하는 길이에 따라 다른 성질을 가지고 있는데 우리가 들을 수 있는 소리는 색깔이 나타나지는 않아요.

　백색 소음은 백색광처럼 여러 가지 소리가 섞여 있다는 의미예요. 실제로 하얀 색깔로 보인다는 것은 아니에요.

소리와 소음의 차이는?

소리는 물체가 떨리면서 생기는 진동이 음파가 되어 우리 귀에 들리는 거예요. 우리가 들을 수 있는 소리는 '가청음'이라고 해요. 20~20,000헤르츠 사이의 소리는 우리가 들을 수 있는 소리예요. 대체로 500~5,000헤르츠의 소리는 잘 들을 수 있지만, 500헤르츠보다 더 작거나 5,000헤르츠보다 더 클수록 들을 수 있는 정도가 떨어져요.

그런데 **소음**은 듣는 데 불쾌감을 느끼는 소리예요. 너무 커서 시끄러운 소리, 자동차나 기차 등 탈것들이 움직일 때 나는 소리, 공장의 기계 소리 등이 소음이 될 수 있어요. 큰소리가 아니어도 소음이 될 수 있어요.

소음은 특정 기준이 있는 것이 아니라 개인적인 감각에 따라 달라질 수도 있어요. 또 소음이라도 다 같은 소음이 아니에요. '화이트 노이즈'라고 하는 백색 소음은 자연에서 일정하게 들려오는 소리로 건강에 도움이 되기도 해요.

백색 소음 말고 **흑색 소음**도 있을까?

　백색 소음은 빗소리나 물 흐르는 소리처럼 비슷한 소리가 일정하게 반복되어 전달되는 소음으로 심리적인 안정을 주는 소리예요. 또 집중력을 높여 주고 편안한 상태로 만들어 주기 때문에 공부할 때나 잠잘 때 도움이 돼요.
　백색 소음은 여러 소리가 섞여 있는 것이지만, 특정 영역의 소리에 색깔을 붙여 부르기도 해요. 백색 소음보다 파동의 길이가 짧은 파도 소리나 폭포 소리는 녹색 소음으로 마음의 진정 효과가 커요. 또 갈색 소음은 폭우, 천둥, 거친 파도 소리와 같이 깊고 낮은 소리이고, 잡념을 없애 주어 불안감이나 스트레스 해소에 도움이 돼요. 흔히 말하는 시끄러운 소음이에요.
　반면 **흑색 소음**은 그릇이 깨지거나 칠판을 긁을 때 나는 불규칙한 소리지요. 들을수록 불쾌감을 일으켜요.

소리로 질병을 치료한다고?!

　백색 소음, 녹색 소음, 갈색 소음은 불쾌감을 주는 소음을 막아 주는 효과가 있어 **사운드 세러피**로 이용하고 있어요. 사운드 세러피는 소리 치료 또는 건강 치료라고 할 수 있어요. 즉 다양한 영역의 소리로 질병을 치료하거나 건강한 삶을 유지하는 방법이에요.

　소리가 있으면 귀로는 파동을 느낄 수 있고 피부로는 진동을 느낄 수 있어요. 파동은 주로 좌뇌와 신피질, 진동은 우뇌와 고피질을 자극해요. 신피질은 뇌의 바깥 부분에 있고, 고피질은 안쪽에 있어요. 결국 소리는 뇌를 골고루 자극하며 혈압을 안정시키고, 스트레스를 없애고, 면역력을 강화하여 육체와 정신 모두를 편안하게 해 주는 거예요.

바늘 없는 주사가 어딨어?

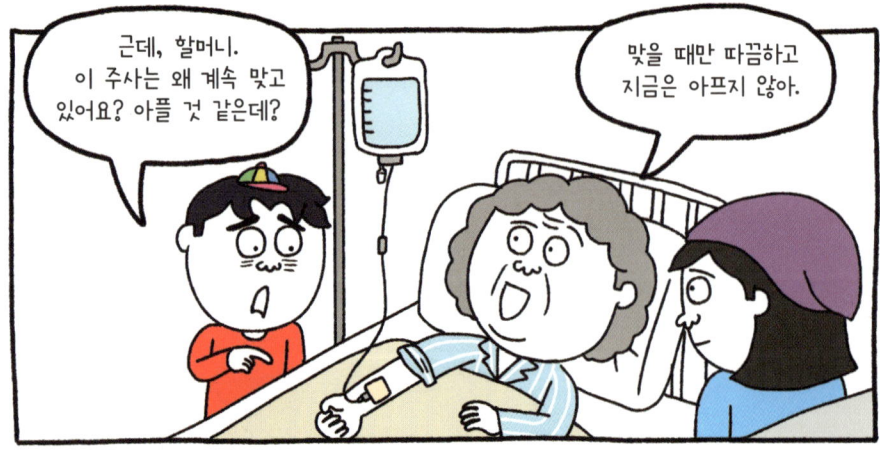

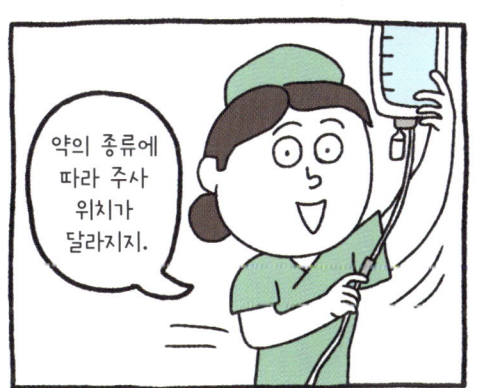

바늘 없는 주사기도 있다!

주사기라고 하면 뾰족한 바늘이 떠올라요. 주사기의 바늘이 몸을 찌르면 잠깐이지만 고통을 느끼지요. 사람에 따라서는 주삿바늘에 대한 공포도 있어요. 그래서 누구나 이런 생각을 해요. '바늘 없는 주사기는 없나?'라고요. 이런 주사기가 있답니다.

바늘 없는 주사기는 높은 압력을 이용하여 피부 속으로 약물을 주입하는 거예요. 압력을 높이는 방법은 레이저와 초음파를 이용하는 거예요. 그 압력으로 피부에 미세한 구멍이 나면 약물을 투입하는 것이지요.

또 **붙이는 주사기**도 있어요. 머리카락보다도 더 가는 미세한 바늘 여러 개가 붙어 있는 패치(부착물)를 피부에 붙이는 거예요. 이것을 '니들 패치'라고 해요. 니들 패치의 바늘들은 피부 속 150~300마이크로미터 깊이에 있는 표피까지만 들어가 약물을 주입해요. 아픔을 느끼지 않는 곳까지만 바늘이 들어가는 거지요. 보통 주삿바늘은 각질층과 표피를 지나 진피까지 들어가거든요.

바늘 없는 주사기와 붙이는 주사기는 1853년에 발명된 주사기 역사를 바꿔 놓는 혁신적인 의료 기기로 알려져 있답니다. 이제 주삿바늘에 대한 공포도 사라지겠지요?

약은 어떻게 병을 낫게 할까?

   약은 질병이나 부상 또는 몸에 이상이 생겼을 때 치료하거나 이런 이상을 예방, 억제하기 위해 몸에 투여하는 거예요. 투여하는 방법은 여러 가지예요. 먹거나 바르기도 하고 주사하거나 붙이거나 뿌리기도 하지요.

   먹는 약은 음식물이 소화되듯이 약도 소화되면서 혈액을 따라 필요한 부위까지 가는 거예요. **주사기**를 이용해 약을 주입하는 것은 바로 혈관으로 들어가 약의 효과를 내게 돼요.

   또 바르거나 붙이거나 뿌리는 약도 피부를 통해 혈관으로 흡수되어 필요한 부위에 도착해 약의 효과를 발휘한답니다. 이상이 생긴 부위에 약이 도착했다고 해서 바로 낫게 하는 것은 아니에요. 몸에 투여된 약은 이상이 생긴 기관·조직·세포 등에 전해져 정상 상태로 기능하도록 도와주는 거예요.

동물도 약을 먹을까?

고양이 한 마리가 비틀거리며 양지바른 담장 쪽으로 가더니 어떤 풀을 뜯어 먹어요. 몇 번이고 먹었던 먹이를 토해 내더니 돌아와서 평온하게 잠을 잡니다. 마치 우리가 체했을 때 약을 먹고 나은 듯이요. 이 풀의 이름은 '괭이밥'이에요. 괭이는 고양이라는 뜻이에요.

괭이밥은 고양이뿐만 아니라 사람에게도 좋은 약초예요. 괭이밥의 잎은 신맛이 나는데 이것은 잎과 줄기에 옥살산이 들어 있어서예요. 이 옥살산이 떫고 신맛이 나게 하는 원인인데 사람도 소화가 안 되고 더부룩할 때 먹으면 효과가 있어요. 고양이나 개뿐만 아니라 야생 동물도 약초를 뜯어 먹고 치료를 해요.

상처엔 침부터 바른다고?

상처에 침이 효과가 있을까?

피부에 상처가 나면 가장 먼저 세균 감염을 막아야 해요. 상처를 통해 세균이 들어오면 먼저 우리 몸은 면역 체계가 작동하여 세균을 죽이거나 막아요. 그렇지 못하면 붓거나 염증이 생기지요. 그래서 상처가 나면 빨리 소독해야 해요.

소독약이 없으면 상처에 침을 바르기도 해요. 침에는 입속 세균을 죽이는 물질이 있기 때문이에요. 침의 가장 중요한 역할이 음식물의 소화를 돕는 것이므로 침 속에는 아밀레이스라는 소화 효소가 들어 있어요. 하지만 음식과 함께 들어온 세균도 죽일 수 있는 라이소자임이라는 물질도 있어요.

라이소자임은 영국의 세균학자 알렉산더 플레밍이 1922년에 발견했어요. 세균 감염으로 인한 패혈증으로 죽어 가는 부상병들을 연구하던 중에 우연히 발견했는데요. 코의 점액 속에 세균을 죽이는 효소가 있음을 알아내고 라이소자임이라고 이름을 붙였어요.

이후 라이소자임은 점액뿐만 아니라 침, 눈물, 모유 등에도 포함되어 있다는 것이 밝혀졌어요. 해로운 세균이 몸속으로 들어오면 맞서 싸우는 물질이 바로 라이소자임인 거예요.

하지만 상처에 침을 바르는 것은 장점보다 단점이 많아요. 침

속에 살균 효과가 있는 물질도 자기 몸에 맞게 작용하기 때문에 다른 사람의 침은 또 다른 세균에 감염될 가능성이 높아요.

모기 침 속에 침 있다!

우리 몸의 피는 피부 밖으로 나오면 자연스럽게 굳어요. 그래야 피가 계속 나오지 않고 멈추게 되니까요.

모기가 피를 빨기 위해 침 같은 주둥이를 피부 속으로 찌르면 피가 나와요. 그런데 피가 굳으면 빨 수가 없겠지요? 그래서 모기의 침(타액) 속에 피가 굳지 않게 하는 물질이 들어 있어요.

또 이 물질에는 마취 성분도 있어서 모기가 피를 빠는 동안은 우리는 아픔을 느끼지 못해요. 하지만 모기에게 물린 뒤에는 그 부위가 가렵고 벌겋게 붓지요. 하루이틀 지나면 부기도 가라앉고 가려움도 덜하게 돼요. 그런데 1주일 이상 퉁퉁 붓고 물집도 생긴다면 치료받아야 해요.

침이 독이고 무기라고?!

독을 가지고 있는 뱀에는 독니가 있어 먹이에 독을 주입할 수 있어요. 이런 뱀의 독은 독샘에서 만들어지고 독선을 통해 독니로 전해져요. 이 독샘이 포유류의 침샘과 유전적으로 같다는 것이 연구로 밝혀졌어요. 그러니까 우리에게는 독이 되지만 독사에게는 침이 되는 것이에요.

독사뿐만 아니라 독을 가지고 있는 전갈, 도마뱀, 거미, 지네 등도 침샘이 변형되어 독샘으로 발달한 거예요. 결국 침의 기능이 독으로까지 발전한 것이랍니다.

침을 비장의 공격 무기로 쓰는 동물도 있어요. 낙타와 라마 같은 동물은 위협을 느낄 때 침을 뱉어요. 냄새가 워낙 고약해 상대는 도망가고 말지요.

감칠맛이 도대체 어떤 맛이냐고?

가장 맛있게 먹은 음식에 스티커를 붙여 주세요!

내 볶음밥이 일등일걸!

내 김밥을 이기기는 어려울걸!

제5의 맛 '감칠맛'은 무슨 맛?

눈의 시각, 귀의 청각, 코의 후각, 피부의 촉각, 혀의 미각이라는 감각 기관은 모두 뇌의 신경과 연결되어 외부의 상황을 파악하고 반응해요.

특히 미각은 고대 그리스의 철학자이자 자연과학자인 아리스토텔레스가 최초로 단맛, 짠맛, 신맛, 쓴맛을 기본 맛으로 제시한 이래 2000년 동안 네 가지 맛만 있는 것으로 알려져 왔어요. 그런데 1908년 일본 도쿄대학교 이케다 기쿠나에 교수가 '감칠맛'이라는 새로운 맛의 존재를 밝혀냈어요.

감칠맛은 '맛있다'라는 뜻이에요. 우리 조상들이 '입에 착 달라붙는 맛'을 표현할 때 '감칠맛'이라고 했어요. 감칠맛을 발견한 이케다 교수는 '오래 끓인 다시마 국물에서 네 가지 기본 맛과는 다른 맛이 난다'라는 것을 확인하고 일본어로 '우마미'라고 한 것을 우리나라에서는 '감칠맛'이라고 이름을 지었어요.

다섯 번째 맛인 감칠맛은 1985년에 공용어로 인정되고, 2002년에는 감칠맛을 느끼는 수용체가 확인되었어요.

맛은 어떻게 느낄까?

음식을 입에 넣고 씹으면 침이 나와 음식물은 죽처럼 돼요. 이것이 혀의 맛봉오리에 닿아 맛 세포를 자극하게 되고, 이 자극이 미각 신경을 통해 뇌에 전달돼요. 뇌는 이렇게 들어온 정보를 분석해 어떤 맛인지 구분하지요.

즉, 혀-맛봉오리-맛 세포-미각 신경-뇌를 거쳐 기본 맛을 느끼게 돼요. 그런데 재미있는 것은 이런 맛을 느낄 때 혀뿐만 아니라 코의 역할이 크다는 거예요.

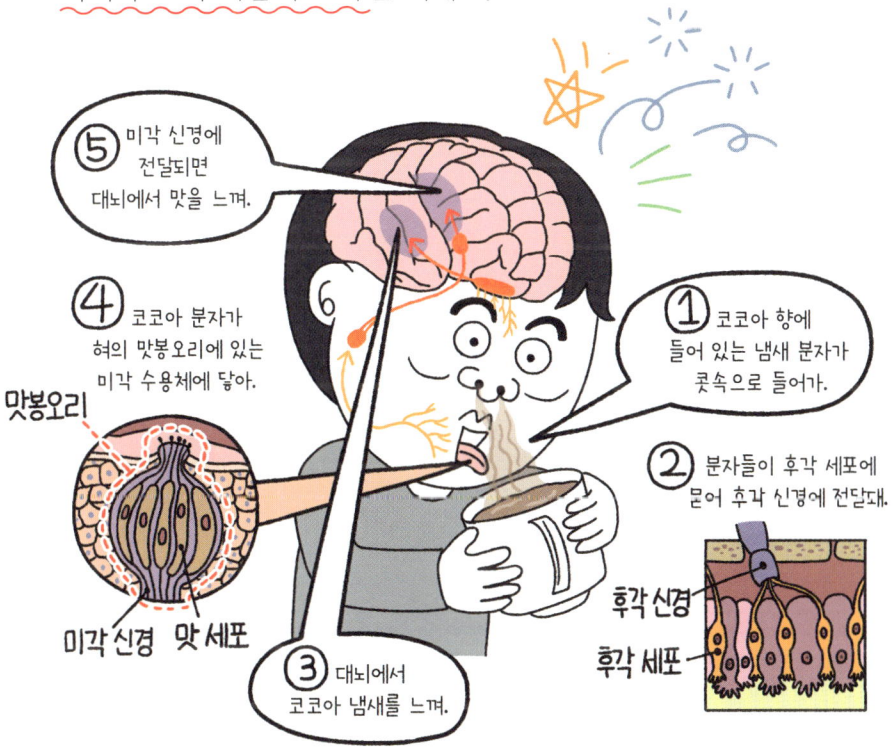

단맛이 쓰게 느껴진다면?

　단 음식을 먹어도 쓰게 느껴질 때가 있어요. 식습관이 나쁘거나 소화 불량, 스트레스 등이 원인일 수 있지요. 이렇듯 맛을 제대로 느끼지 못하는 걸 미각 상실이라고 하는데요.

　많은 사람이 코로나19 후유증으로 미각 상실을 경험했어요. 미각뿐만 아니라 후각 상실로도 고통을 받았지요. 바이러스에 감염되면 왜 미각이나 후각을 잃게 되는 걸까요?

　바이러스는 주로 호흡기를 통해 감염되고 코, 인두, 후두 등에 염증이 생기면 후각이 상실되고 그다음 미각까지 상실돼요.

　세균에 감염되어도 맛봉오리와 맛 세포가 제 역할을 하지 못해 미각 상실이 올 수 있어요.

　또 부상이나 노화 그리고 영양 결핍 등으로 미각을 잃을 수도 있어요. 바이러스나 세균 감염에 의한 미각 상실은 원인이 치료되면 미각이 회복될 수 있어요.

제6의 맛도 있다?!

제5의 맛 감칠맛에 이어 고기의 비계 특히 삼겹살이나 버터 그리고 크림과 같이 지방이 풍부한 음식물에서 느낄 수 있는 느끼하고 고소한 맛이 또 다른 맛으로 떠오르고 있어요. 이름은 바로 **'지방맛'**이에요. 호주와 미국의 연구팀에서 지방맛을 느낄 수 있는 맛 세포까지 발견했어요.

특이한 것은 지방맛은 나라마다 좋아하는 정도가 다르다는 거예요. 삼겹살을 즐겨 먹는 우리나라 사람과 버터와 베이컨을 즐겨 먹는 미국 사람이 특히 지방 맛을 좋아한다고 해요.

색맹이면
색깔을 볼 수 없어!

못 보는 게 아니라 구별 못 하는 것

색맹인 사람은 색깔을 보지 못한다고 생각하지만 그렇지 않아요. 다만 색깔을 구별하는 감각이 완전하지 못한 거예요. 그래서 색맹을 '색각 이상'이라고도 해요. 색각 이상은 정도에 따라 색맹과 색약으로 나누어요.

색맹은 색을 구별할 수 없거나 잘못 구별하는 경우예요. 색약은 색은 보이지만 비슷한 계열의 색상들을 구별하기 어려운 상태예요. 특히 원거리 색이나 채도가 낮아 흐리고 선명하지 않은 색을 잘 식별하지 못하지요.

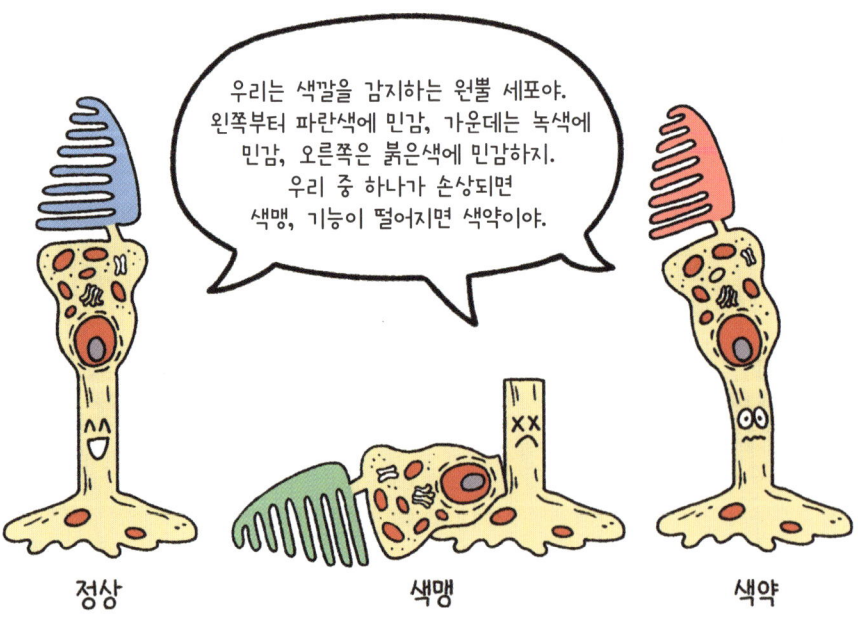

색맹, 어떻게 발견했을까?

영국의 화학자 존 돌턴은 물질은 더 이상 자를 수 없는 원자라는 입자로 이루어져 있다는 '원자설'을 발표했어요. 이 원자설은 이후 물리학과 화학이 발전하는 데 큰 역할을 했지요. 그래서 사람들은 돌턴을 '원자설의 아버지'라고 해요.

이런 돌턴이 청년 시절 어머니에게 선물한 양말 때문에 자신이 적색과 녹색을 구별하지 못하는 색맹이라는 사실을 알게 되었어요. 이때부터 돌턴은 색각 이상에 관해 연구했어요. 이후 선천성 적록 색맹을 '돌터니즘'이라 부르게 되었지요.

색맹이면 무슨 색 꿈을 꿀까?

색맹은 선천적인 경우와 후천적인 경우가 있어요. 선천적인 경우라면 처음부터 색깔 자체를 모르기 때문에 색깔이 있는 꿈을 꿀 수 없어요. 하지만 후천적으로 색맹이 된 사람은 색깔을 전혀 모르는 것이 아니어서 색깔이 있는 꿈을 꿀 수 있어요. 꿈은 주로 자기 경험을 반영하기 때문이에요.

> 어젯밤 꿈 색깔?
> 그래, 너랑 빨간 떡볶이를 먹었어.

색맹 치료의 길이 열린다!

선천적인 색맹은 유전으로 생기기 때문에 치료가 근본적으로 불가능하다고 알려져 있어요. 하지만 특수하게 제작된 안경이나 렌즈로 색깔 구별을 더 뚜렷하게 하는 보정은 어느 정도 가능해요.

그런데 독일의 튀빙겐대학 병원과 루트비히 막시밀리안 뮌헨대학교 연구팀은 색맹의 원인이 되는 특정 유전자를 교정하는 치료법을 개발했어요. 인체에 해롭지 않은 아데노바이러스를 망막에 주입하여 유전적으로 이상이 있는 원뿔 세포의 기능을 되살리는 방법이에요.

이런 유전자 치료는 어릴 때 할수록 효과가 있다고 연구팀이 밝혔어요. 이 치료법이 널리 시행된다면 색맹 치료의 길이 열리는 셈이지요.

아빠는 선천적 색맹이 아니네요!

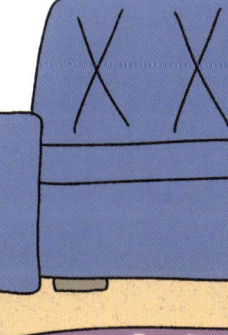

몸속이 아프면 내과, 밖이 아프면 외과?

어느 과로 가야 할까?

안과는 눈, 치과는 이, 이비인후과는 귀·코·목 그리고 피부과는 말 그대로 피부에 병이 생기면 가지요. 그런데 두통이 심할 때나 손이 베이면 어느 과로 가야 하는지 헷갈려요. 또 내과와 외과의 차이도 뻔히 알 것 같지만 명확하게 모르는 경우가 많아요.

보통 사람들은 내과는 몸의 내부를 치료하고, 외과는 몸의 외부를 치료하는 것으로 생각하기 쉬워요. 그래서 두통이 심하면 몸의 안쪽이 아픈 것이니 내과로 가고, 손을 베이면 몸의 바깥쪽이 아픈 것이니 외과로 가야 한다고 생각하지요.

하지만 내과와 외과의 구분은 어디가 아프냐가 아니라 어떻게 치료하느냐에 따라 정해지는 거예요.

내과는 몸속에 생긴 질병을 약이나 물리 요법으로 치료하고, **외과**는 몸에 생긴 질병을 수술 등으로 치료하는 의학의 분야랍니다.

증상별 병원/진료과

아픈 증상	예상 병명	진료과
복합적인 감기 증상	감기	내과
빈속일 때 복통	위 질환 의심	내과
소화가 잘 안 될 때	위 질환 의심	내과
헛배 부르고 배 빵빵	위 질환 의심	내과
오른 윗배 아프고 열남	담석, 담낭염	내과
오른 윗배＋배에 덩어리	간 질환 의심	내과
식후 지속적인 속 쓰림	위 궤양 의심	내과
식전, 새벽에 심한 속 쓰림	십이지장 궤양 의심	내과
목 통증, 어지러움, 피로	거북목 증후군	정형외과
관절 잡음, 손가락 운동 장애	방아쇠 수지	정형외과
손목 근위축, 환부 부종	건초염	정형외과
요통, 보행이상, 저림	요추 전방 전위증	신경, 정형외과
발의 통증, 압박 시 아픔	족저 근막염	정형외과
굽은 등, 뼈의 변형	척추 측만증	정형외과
발 통증, 엄지발가락 돌출	무지 외반증	정형외과
팔의 통증, 관절의 경직	내상과염	정형외과

내과와 외과는 어떤 사이?

외과 의사 surgeon(서전)은 고대 그리스어 'cheir(손) + ergon(일)'의 합성어에서 유래되어 수술하는 의사라는 뜻이 됐어요. 내과 의사 physician(피지션)은 자연이란 뜻의 고대 그리스어 'physis(피지스)'에서 왔고요. 고대 그리스인들은 우리 몸 안에 자연이 있어 잘 돌아가면 건강한 상태이고, 어딘가 잘 안 돌아가면 병이 났다고 여겼어요.

내과 의사와 외과 의사는 방법은 다르지만, 질병을 치료하는 것은 마찬가지예요. 내과 의사가 진찰한 후 약으로 치료하다가 수술하는 것이 좋다고 판단되면 외과 의사에게 치료하도록 하지요. 또 외과에서 수술한 다음에도 내과 치료가 필요한 경우에는 내과 의사에게 계속 치료하도록 하고요. 그러니까 내과와 외과는 서로 협력하면서 환자를 치료합니다.

가정의학과는 뭘까?

  감기에 걸리면 내과를 가야 할까요? 가정의학과를 가야 할까요? 둘 다 가능합니다. 그렇다면 내과와 가정의학과는 어떻게 다를까요? **가정의학과**는 몸 전체에 대한 1차적인 진료를 보는 곳이에요. 즉 내과를 포함하여 외과, 정형외과, 피부과, 안과, 소아청소년과, 신경과 등 모든 과의 1차적인 진료가 가능하지요. 물론 감기 진료도 가능하고요. 감기는 가정의학과, 내과는 물론 신경과나 이비인후과 등에서도 진료는 가능합니다.
  2, 3차 진료는 1차 진료에서 나아지지 않거나, 정밀 검사가 필요한 경우 가는 규모가 큰 병원이에요.

하품이 전염된다니
말도 안 돼!

하품은 정말 전염될까?

  함께 있는 사람이 하품하면 자기도 모르게 따라 하게 돼요. 그래서 하품이 전염된다고 해요. 하품이 전염되는 것은 잘 알려진 사실이에요.

  함께 있는 사람과 같은 상황이 되려는 정신적인 활동, 즉 '공감'을 하는 거예요. 이것은 인류가 집단을 이루며 살 때부터 진화해 온 행동이에요. 서로의 행동을 이해하고 공감하면서 원만한 인간관계를 맺기 위한 사회적 행동이기도 해요. 대표적인 반려동물인 개는 주인이 하품하면 따라서 하품하면서 친밀감을 드러내기도 해요.

  실제로 가족처럼 유전적으로 가까운 사람일수록, 감정적으로 친한 친구일수록 하품을 따라 하는 경우가 많다는 것이 연구 결과 밝혀졌어요. 미국 수면의학회의 마이클 데커 박사는 이런 행동을 서로의 감정이 옮겨진다는 '감정 이입'으로 설명하고 있어요. 하품뿐만 아니라 웃음이 전염되는 것도 마찬가지예요.

하품 전염 거울 뉴런

집단을 이루며 사는 늑대의 하울링도 비슷한 행동이에요. 우리 뇌에는 특정한 신경 세포가 모여 '**거울 뉴런**'을 이루는 부분이 있어요. 거울 뉴런 때문에 상대방의 표정이나 감정을 살피고 흉내 내려는 행동으로 이어지는 것이에요.

함께 있는 사람이 하품하거나, 하품하는 영상을 보거나, 하품하는 장면이 묘사된 글을 보더라도 저절로 하품하게 되는 거예요. 이것은 거울 뉴런이 활성화되기 때문에 일어나는 현상이에요.

거울 뉴런은 이탈리아 신경 생리학자 지아코모 리졸라티 교수 연구팀이 뇌에 기계 장치를 한 원숭이의 행동을 실험하면서 발견했어요. 원숭이는 다른 원숭이나 사람의 행동을 보기만 해도 행동을 똑같이 따라 한다는 것을 보고 거울 뉴런이 있다는 것을 알아냈어요.

하품은 왜 할까?

하품을 왜 하는지는 아직도 정확하게 밝혀지지 않았지만, 몇 가지 이유를 추정해 볼 수 있어요.

첫 번째는 뇌를 깨우기 위한 동작이에요. 반복적이고 지루한 일을 할 때 하품하면서 얼굴의 근육을 움직여 뇌로 가는 혈액을 늘려 주는 거예요. 두 번째는 뇌에 산소가 부족하다고 느낄 때 공기를 깊게 들이마시기 위한 행동이에요. 세 번째는 뇌의 온도를 낮추는 행동이에요. 후덥지근한 공간에 있을 때 신선한 공기를 들이마셔 열을 식히는 거예요.

미국 메릴랜드대학교 의과대학 연구팀은 뇌 온도가 1도 올라갈 때마다 하품한다는 것을 밝혀냈어요. 입을 크게 벌려 하품을 하면 신선한 공기가 코의 혈관 속 혈액의 온도를 낮추어요. 차가워진 혈액이 뇌 속으로 들어가면서 뇌 온도가 낮아지는 거예요.

하품을 참으면 이런 기능들을 못 하게 되어 집중력이 떨어지고 멍한 상태가 될 수 있어요. 하품은 온도 조절, 뇌의 산소 공급, 집중력 향상에 도움이 되기 때문에 자연스럽게 하품을 하는 것이 좋아요. 또 함께 있는 사람과 공감하는 모습을 보여 주는 작용도 있어 억지로 참을 필요는 없답니다.

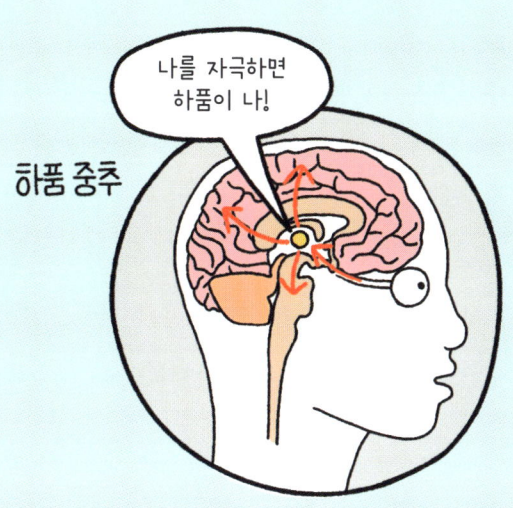

하품을 하면 왜 눈물이 날까?

하품할 때는 한꺼번에 많은 양의 공기를 들이마시게 돼요. 그러면 입이 크게 벌어지고 귓속의 고막이 늘어나요. 얼굴의 근육이 늘어나면서 눈을 찡그리게 되는데 이때 눈물샘을 자극해 눈물이 나는 거예요.

눈물은 안구를 보호하고 이물질을 제거하고 눈 깜박임을 부드럽게 해줘요. 눈물은 눈꼬리 위쪽에 있는 눈물샘에서 분비돼요. 분비된 눈물은 눈물길을 통해 흘러 눈물주머니에 모여 있다가 마지막에 코에서 배출돼요. 눈물이 많이 분비되면 눈물주머니에 들어가기 전에 눈동자에서 직접 떨어져 뺨으로 흘러요.

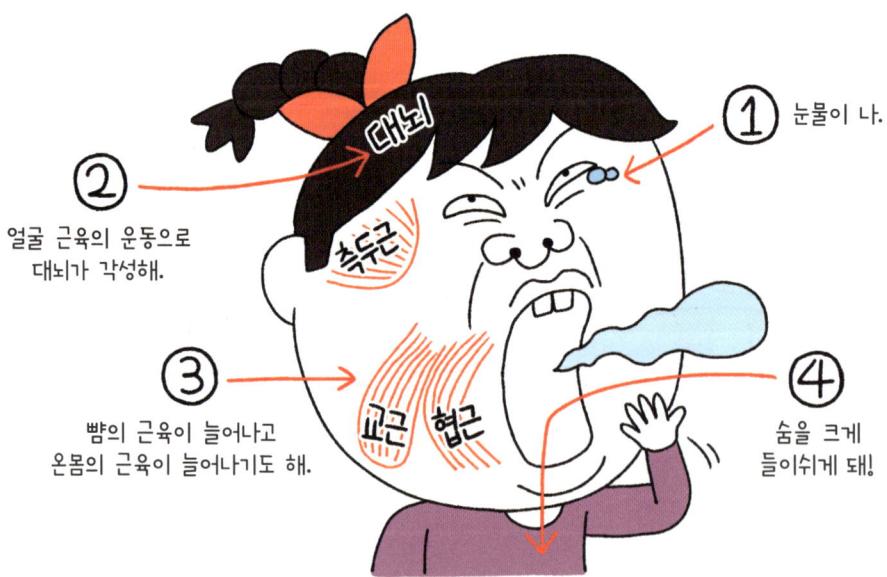

물고기도 하품한다?!

사람을 포함한 포유류가 하품하는 것은 알려졌지만, 다른 동물들은 어떨까요? 척추동물은 물고기부터 포유류까지 모든 동물이 하품해요.

물고기는 물속의 산소가 부족할 때 물 밖으로 입을 내밀고 하품해요. 개구리나 새도 하품을 하는 것이 관찰되었어요. 바다에서 사는 돌고래가 물속에서 하품하는 모습도 관찰되었는데 하품하는 이유는 사람과 같이 뇌를 깨우기 위한 것이었어요.

하품하는 목적이 다른 동물들도 있어요. 개코원숭이는 하품을 공격의 신호로 이용하고, 아델리펭귄은 짝짓기할 때 구애의 신호로 이용해요. 하품은 단순한 행동이 아니라 여러 가지 의미가 담겨 있는 행동이에요.

뻔뻔한 과학책

1판 1쇄 인쇄 2025년 4월 7일
1판 1쇄 발행 2025년 4월 15일

글 이억주 | **그림** 뿜작가 | **발행처** 와이즈만 BOOKs | **발행인** 염만숙
출판사업본부장 김현정 | **편집** 김예지 양다운 이지웅
기획·진행 CASA LIBRO | **디자인** 위드 | **마케팅** 강윤현 백미영 장하라

출판등록 1998년 7월 23일 제1998-000170 | **제조국** 대한민국
주소 서울특별시 서초구 남부순환로 2219 나노빌딩 5층
전화 마케팅 02-2033-8987 편집 02-2033-8928 | 팩스 02-3474-1411
전자우편 books@askwhy.co.kr | **홈페이지** mindalive.co.kr | **사용 연령** 8세 이상
ISBN 979-11-92936-61-1 77510

ⓒ 2025 이억주·뿜작가·CASA LIBRO
잘못된 책은 구입처에서 바꿔 드립니다.
와이즈만 BOOKs는 (주)창의와탐구의 출판 브랜드입니다.
KC마크는 이 제품이 공통안전기준에 적합하였음을 의미합니다.

*표지 피플퍼스트 글꼴 사용